暮らしと遊びの　江戸ペディア

飯田泰子　著

芙蓉書房出版

暮らしと遊びの 江戸ペディア……目次

はじめに

江戸にまつわるエンサイクロペディア、略して「江戸ペディア」。百科事典を名乗るのはおこがましいのですが、江戸時代に関わる蘊蓄《うんちく》を集めた豆知識の事典、という意味で名付けました。

江戸の初期には中国の百科事典『三才図会《さんさいずえ》』に習った『訓蒙図彙《きんもうずい》』や『和漢三才図会』といった挿絵入りの百科事典が刊行されました。天文、地理、人物、道具、動植物などの部門別に分け、項目ごとに図を添えたつくりになっています。

本書はプチペディア、豆事典ですが、体裁は江戸時代の先達の知恵を借りて構成しました。章立ては天文、地理、生業《なりわい》、暮らし、遊び、社会の六章。

江戸時代の世の中と人びとの暮らしを六つのカテゴリーに分けて紹介しています。通貨を始め、衣食住や社会の仕組など、現代とはいささか異なる江戸時代の事柄がざっと見渡せる簡易事典といったところです。時代劇や時代小説がより一層楽しめるビギナー向けのガイドです。ドラマに描かれる半ばお約束のウソ（暴れん坊将軍に必ず出てくる江戸城天守閣など）は、あれこれ違いを言い募るのは野暮。とはいうものの、史実には触れてあるのでご安心を。

第一章・天文

◆江戸の暦・江戸の四季

天文

一年が十三カ月の年もあった！

一日、ひと月、一年と未来を見据えた暮らし、あるいは生業には暦が要る。江戸時代の庶民には曜日の概念は不要。自然相手の生業なら、例えば種蒔き時など、作業に相応しい時季を知っておきたいし、商人なら月々の売掛金の集金日は重要で、これは支払う側も同じだ。

この章では、まず江戸時代の暦の実態を大まかに見ていく。太陽暦とは異なる月の満ち欠けを元にした陰暦《いんれき》とは何か。人のいとなみに区切りを設けるのにひと月は程よいスパンといえるが、十二回繰返しても太陽暦の一年には満たない。すると太陽との位置関係から生まれる季節感にずれが生じる。この問題を解消すべく考案されたのが太陰太陽暦《たいいんたいようれき》。その仕組と庶民のための暦にふれた後、主な年中行事、江戸の一日二十四時間を紹介。

現代人から見ると煩瑣《はんさ》この上ないが、江戸人にとっては何の不都合もなかったに違いない。

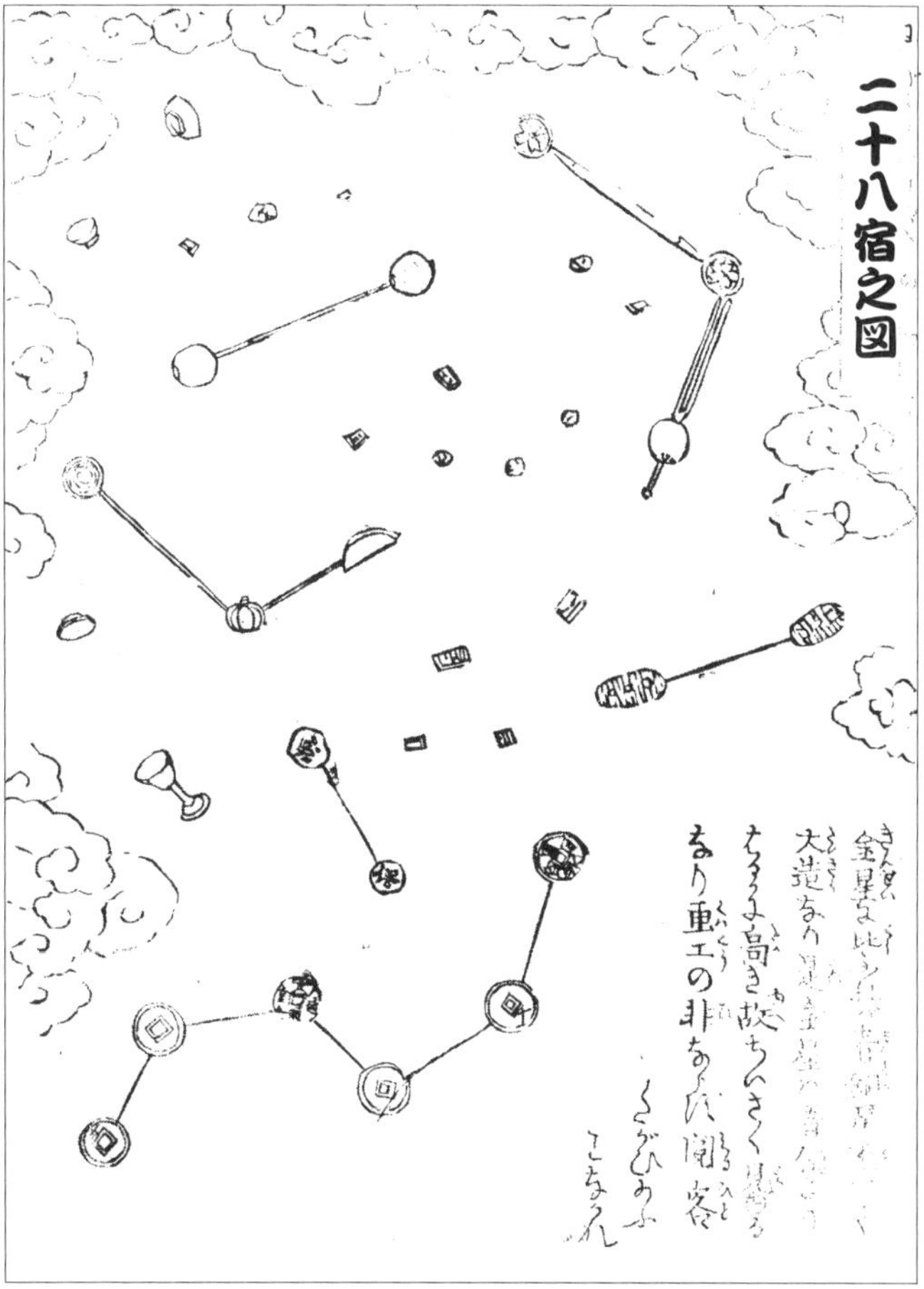

■天の東西南北にそれぞれ七星ずつ、都合二十八ある星座の図。とはいえこれは銭や簪、盃をあしらった色町のパロディ（あかん三才図会）

月の動きで決まる江戸の暦

江戸時代の一年は三百五十四日！

暦は、時の流れというつかみ所のないものを知る道具。文字や絵で表したそのものも、考え方のルール（暦法）も暦という。『方丈記』の冒頭にいう「行く川のながれは絶えずして、しかも本の水にあらず」ではないが、時もまた勝手に過ぎていく。

暦法は明治期以降諸外国に倣って太陽暦を用いているが、かつては月の動きを元にした陰暦。新月から次の新月まで十二回繰り返しても三百五十四日にしかならず、これに微調整を加えた太陰太陽暦という折衷型が登場。そのひとつ、中国の唐の時代に出来た精度の高い宣明暦《せんみょうれき》を江戸の初期まで八百年間使用。その後何度も改暦をしつつ幕末に至った。

●陰暦《いんれき》

旧暦ともいう陰暦は月の満ち欠けを元に作られた暦で、明治の新政府によって太陽暦が採用されるまで千年の歴史がある。明治五年（一八七二）十二月三日を翌六年の正月一日とするよう改められた。

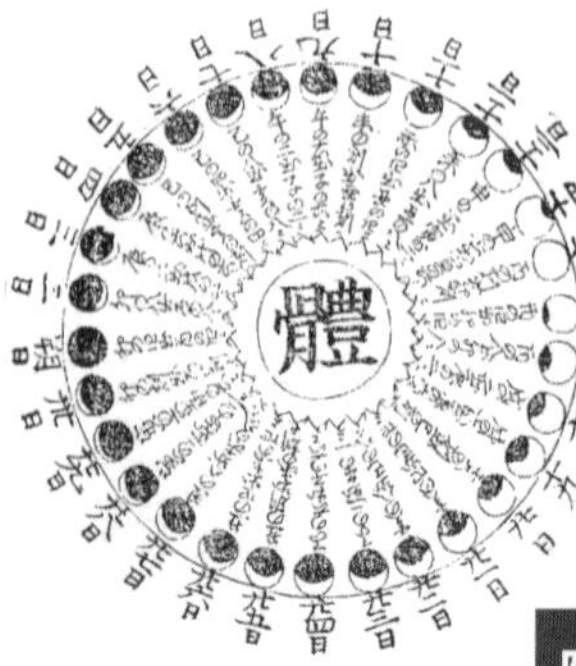

■朔日（1日）から晦日まで月の出入りの時間と形が一目瞭然の早見図（永代節用無尽蔵）

●うるうづき
閏月

四年に一度、二月に一日増やす調整日は閏日。一日どころかひと月丸ごと増やすのが閏月。太陽暦に比べて一年の日数が十日ほど足りない分を数年に一度閏月を設けて季節のずれを解消する。月の呼び方は、例えば八月の翌月なら「閏八月」とし、九月に続く。

■屏風に貼られた大小暦。右列が大、左が小の月で同数に描かれているが、これも一定ではない（啌多雁取帳）

天文の豆知識

大小暦●大の月、小の月が一目で分かるのが大小暦。月の大小は西《二四》向く侍《六九十一》の語呂合わせさえ覚えていれば十分と思われるかも知れないが、江戸の暦ではランダムに大小が出現。暦を見て初めてその月の晦日や閏月の有無が分かる。ちなみに江戸時代の大は三十日、小は二十九日。

天文方《てんもんがた》

貞享元年（一六八四）に新設された天文を司る幕府の役職。編暦の分野は奈良平安の昔から朝廷が取仕切り、世襲制の悪弊が災いして暦の精度が実用に堪えられなくなり、幕府が介入して以後実権を握った。天文方の初代は画期的な暦法、貞享暦を作った渋川春海《しぶかわしゅんかい》。

■渾天儀が置かれた浅草の天文台を描いた北斎の富嶽百景「鳥越の不二」

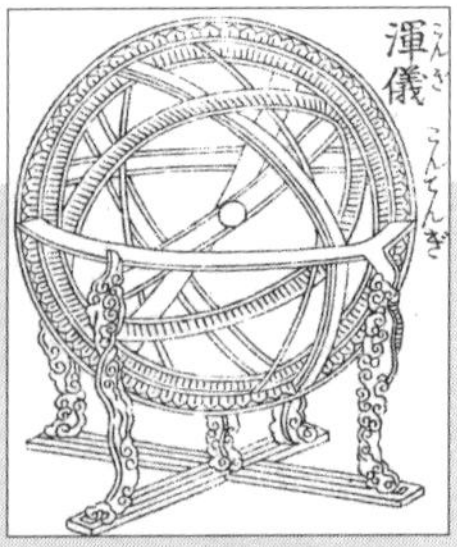

■『頭書増補訓蒙図彙』には、渾天儀は日月の運行を測るための道具で璇璣玉衡《せんきぎょっこう》ともいうとある。璇玉はともに美しい玉、璣は回転仕掛、衡は筒状のものをいう。

天文の豆知識

渾天儀《こんてんぎ》●古代中国では宇宙の構造を卵の殻と黄身の関係に喩えた渾天説が優勢。渾は全体、天は天空を意味する。地球（黄身）を取巻く大きな球体の有様を観測する機器が渾天儀で、天球模型も同じく渾天儀という。日本で最初に観測に使ったのは初代天文方の渋川春海といわれている。

●こよみうり

暦売り

京坂江戸の三都に出回る暦は京都の経師頭《きょうじがしら》、大経師降屋内匠《だいきょうじふるやたくみ》が作り、大坂はこの暦を平野町神明前松浦氏が伝統的に売っている。江戸は元禄年間（一六八八～一七〇四）に幕府が定めた十一軒の暦問屋を通して販売。他に伊勢、奈良、会津、薩摩などでも独自の暦が作られた。

■暦売り。閏月がある年の呼声は「閏あって十三ヵ月のご重宝」（守貞謾稿）

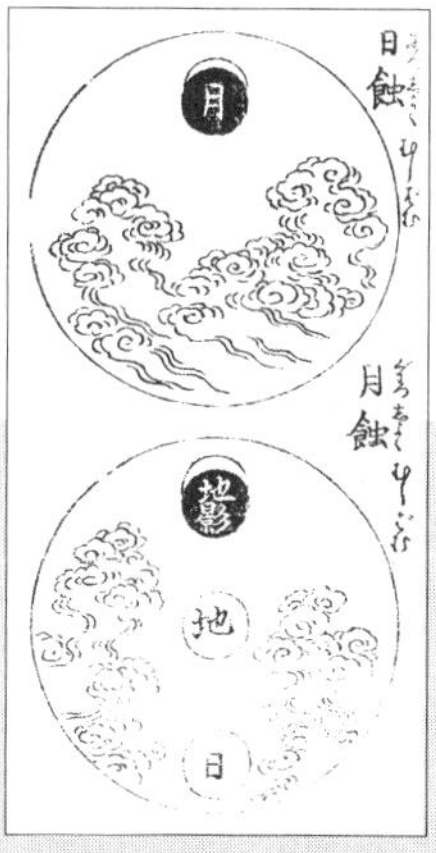

■古来不吉なものと考えられていた日蝕、月蝕。現象の予測は暦には必須で、記載がなければ大問題になった（頭書増補訓蒙図彙）

■奈良平安時代には占だけでなく暦の編纂も担当した陰陽師（絵本庭訓往来）

天文の豆知識

暦博士●律令制の時代に、暦作りに携わった官職。戦国期に一時絶えたものの、江戸時代に復活。幕末まで続いたが、実権は幕府の天文方が握り、暦博士は陰陽道に基づく暦注《れきちゅう》を加えるだけになった。ちなみに暦注とは暦の日付の下段に記す方角や日時の吉凶にまつわる事柄のこと。

月々に行事がある江戸の四季

年が明ければ春が来て、四月になれば夏が始まる

現行の太陽暦と江戸時代の旧暦（陰暦）では、おおよそ四十日のずれがある。端午の節句の五月五日、今は晴れ渡った空に鯉幟がなびいて当り前だが、当時は梅雨入りの頃。これは暦のルールが変わっているのに日付は据置いているためで、七夕も然り。こうした年中行事の当日に味わう季節感は自ずと江戸時代人とは違うものになる。

江戸の春は旧暦の一月、二月、三月。お正月、二月の初午《はつうま》にお花見、雛祭り。夏は四月から六月。花祭りも端午の節句も夏。秋は七月、八月、九月。七夕、お盆に十五夜も秋。そして冬は十月から十二月で、大晦日は一年の総決算日。

節分

●せつぶん

江戸時代も節分は立春の前日。とはいえ確定日はない。年が明けて春になるなら元日の前日になりそうだが、実際には大晦日より前に来ることもあり、一年を区切る日ではなかった。

■元は宮廷の行事だった鬼やらい。節分の夜に豆を撒いて邪気を払う（女遊学操鑑）

天文の豆知識

■春。端月《はづき》は正月の異名で「端」は始めを意味する言葉。二月の雪消月が終わると弥生三月桜月となる。

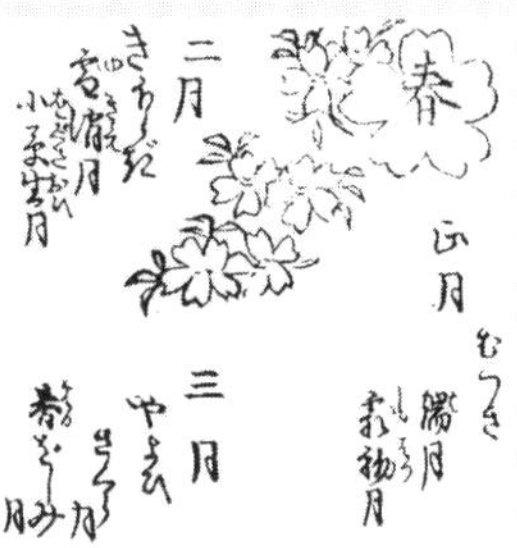

■四月から六月が江戸の夏。梅雨明けの六月は暑い盛りだろうか。「風待月《かぜまちづき》」「常夏月《つこなつづき》」ともいう。

月の異名●陰暦の十二カ月にはそれぞれ異名、つまり別名が色々ある。よく使われるのは一月から順に睦月、如月《きさらぎ》、弥生、卯月、皐月、水無月《みなづき》、文月、葉月、長月、神無月《かんなづき》、霜月、師走。

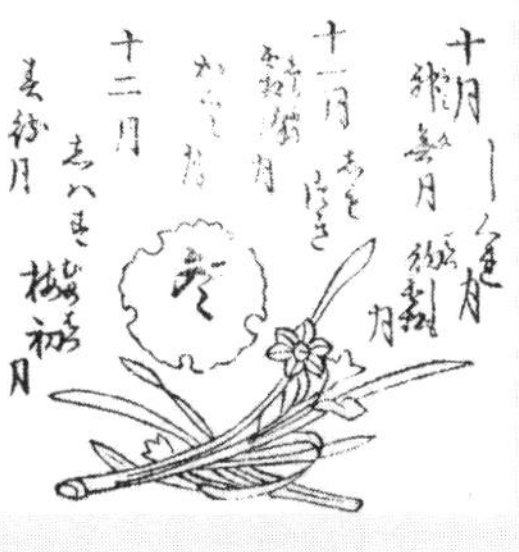

■寒い冬は十月の初霜月から始まり、霜降月を経て春待月となる。慌ただしい師走に春の気配を求めるきれいな異名。

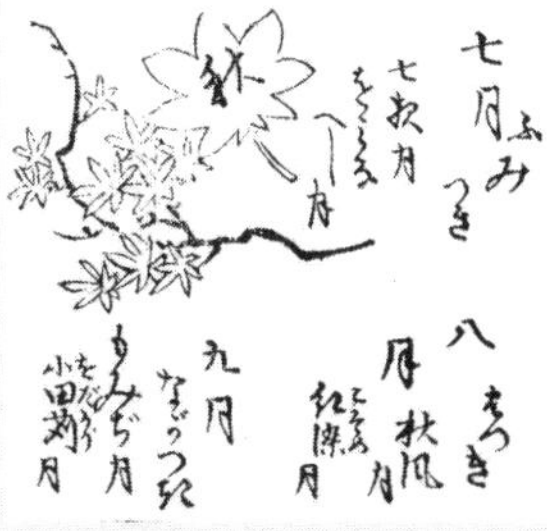

■秋。七月は「女郎花《おみなえし》」が咲いて、八月には「秋風」が吹く。「紅葉」の九月は稲を刈る「小田刈月《おだかりづき》」。

＊図版はすべて『女大学』所載

一月七日の人日《じんじつ》、三月三日上巳《じょうみ》、五月五日端午、七月七日七夕、九月九日重陽《ちょうよう》を五節句といい、大昔から親しまれた年中行事。節季は季節の終わりの意味で、五節季は年五回の勘定日をいう。商人は売掛金の回収に追われ、払う方は金の工面に四苦八苦する日。

■七月七日の七夕。どこの家でも短冊色紙を青竹に付けて屋上に高く掲げた（萬世古状揃）

●せっくとせっき
節句と節季

天文の豆知識

■簓《ささら》をすりながら太鼓を打ち、歳末を告げる節季候（人倫訓蒙図彙）

節季候《せっきぞろ》●節季は三月、五月、九月の節句の前日、七月の十五日、そして大晦日。節季払いといってつけの清算をするのだが、総決算の大晦日は最重要日となる。江戸の町には節季（歳末）ですよ～と囃して回り、銭を乞う賑やかな門付も現れる。

●にじゅうよんせっき
二十四節季

一年が三百五十四日の陰暦は、季節の推移を正しく把握できない。そこで太陽の動きに合わせて一年を二十四等分に区切り、立春から大寒まで分かり易い季節の名称を付けた。これが二十四節気。

廿四節七十二候

正月節 立春	東風解氷	蟄虫始振	魚負氷
正月中 雨水	獺祭魚	鴻雁北行	草木萌動
二月節 啓蟄	桃始華	倉庚鳴	鷹化為鳩
二月中 春分	玄鳥至	雷乃発声	始電
三月節 晴明	桐始華	田鼠化為鴽	虹始見
三月中 穀雨	萍始生	鳴鳩払其羽	戴勝降桑
四月節 立夏	螻蟈鳴	蚯蚓出	王瓜生
四月中 小満	苦菜生	靡草死	麦秋至
五月節 芒種	螳螂生	鵙始鳴	反舌無声
五月中 夏至	鹿角解	蜩始鳴	半夏生
六月節 小暑	温風至	蟋蟀居壁	鷹始撃
六月中 大暑	腐草化為蛍	土潤溽暑	大雨時行
七月節 立秋	涼風至	白露降	寒蝉鳴
七月中 処暑	鷹乃祭鳥	天地始粛	禾乃登
八月節 白露	鴻雁来	玄鳥帰	群鳥養羞
八月中 秋分	雷始収声	蟄虫坏戸	水始涸
九月節 寒露	鴻雁来賓	雀入大水為蛤	菊有黄花
九月中 霜降	豺乃祭獣	草木黄落	蟄虫咸俯
十月節 立冬	水始凍	地始凍	雉入大水為蜃
十月中 小雪	虹蔵不見	天騰地降	閉塞成冬
十一月節 大雪	鶡鴠不鳴	虎始交	茘挺出
十一月中 冬至	蚯蚓結	麋角解	水泉動
十二月節 小寒	雁北郷	鵲始巣	雉始雊
十二月中 大寒	鶏始乳	征鳥厲疾	水沢腹堅

■春は立春、雨水、啓蟄《けいちつ》、春分、清明、穀雨《こくう》（永代節用無尽蔵）

天文の豆知識

南部盲暦●東北の南部領で使われた絵暦の一種。月の大小をモチーフにした判じ物《はんじもの》のような大小暦も絵暦だが、盲暦は読み書きのできない人でも分かるように、月日や農作に関わる暦日をすべて絵にしたもの。自然相手の生業に必要な気候を知る手立てだったろう。

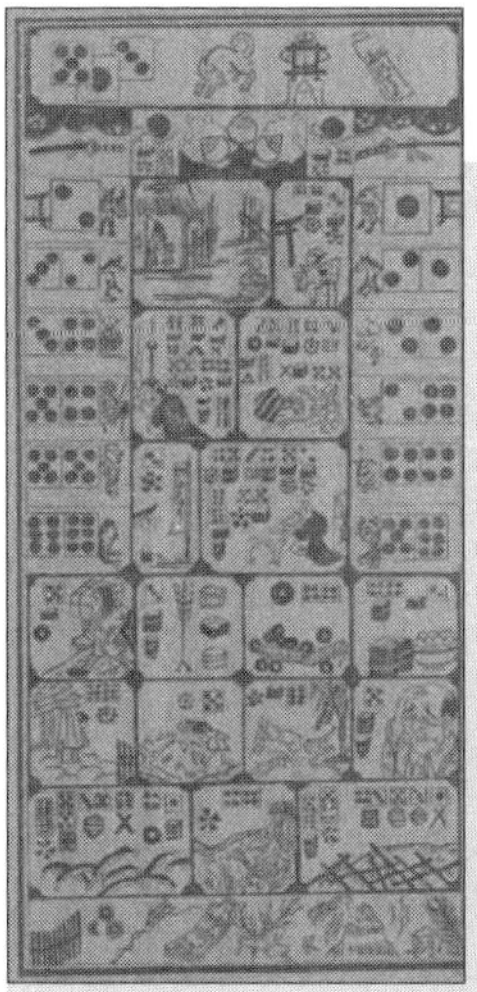

■一枚刷りの南部盲暦（盲暦張交帖）

●やくはらい
厄払い

節分の夜に町内を回り、声が掛ければ門口で払いの口上を述べるのが厄払い。御礼に豆と小銭をもらう門付芸《かどづけげい》で、「ああらめでたいなめでたいな」で始める口上が売物。

■京坂は節分のみ、江戸では大晦日にも出る厄払い（人倫訓蒙図彙）

●ころもがえ
衣更

■四月一日から着る裏地をつけて仕立てた袷（頭書増補訓蒙図彙）

四月朔日《さくじつ》（一日）から綿入れの小袖に替えて五月四日まで袷《あわせ》を着る。端午の節句から涼しい単衣《ひとえ》仕立てに替えた後、再び袷の期間を経て冬の綿入れとなる。

天文の豆知識

初鰹《はつがつお》●衣更《ころもがえ》の旧暦四月朔日は夏の始まり。この日から初漁の鰹を江戸では特別に初鰹と称して珍重。江戸の中後期には一匹二、三両と昨今の鮪の初売り同様の高値。女房を質に入れたところで庶民には高嶺の花。

■初鰹を得意先に届ける棒手振り（今様職人尽歌合）

■江戸の精霊棚。四隅に青竹を立て、棚の周りには青い杉の葉で作った籬《まがき》を設える（守貞謾稿）

お盆

●おぼん

初秋の満月の日、七月十五に行う先祖の霊を祀る行事。盂蘭盆会《うらぼんえ》、略して盆。江戸時代には三都ともに七月朔日から提燈《ちょうちん》に灯を入れ、晦日まで灯す。江戸では右図のような精霊棚を作り、いつもは仏壇の中にある位牌を取り出して祀る。

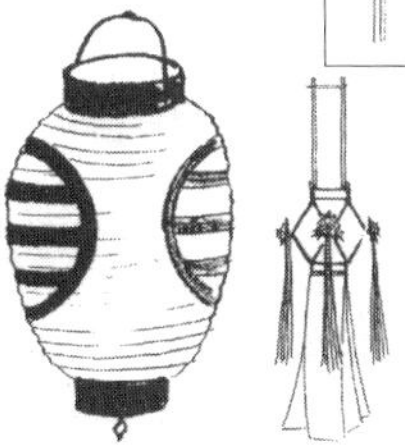

■盂蘭盆会の切子灯籠（右）と盆提燈（守貞謾稿）

年の市

●としのいち

師走に入ると門松、注連縄《しめなわ》を始め神棚や神具などの正月用品を売る市があちこちに立った。主な江戸の市は十二月十五日深川八幡、十七日浅草寺、二十日神田明神、二十四日愛宕、二十五日麹町天神。

■年末の風物詩、年の市（奥羽道中膝栗毛）

日の出から始まる江戸の一日

昼夜の一時間の長さは日々変わる

日の出から次の日の出まで、地球の自転周期は二十四時間。では一日の始まりはいつか。お上の公式文書などでは真夜中の子の刻《ねのこく》（午前零時）だが、庶民の暮らしは夜明けを告げる明け六つの鐘とともに始まる。各町内の木戸、長屋の木戸が開き、吉原の大門も開く。一日の終わりには暮れ六つの鐘が鳴る。江戸時代は日の出入りを元に時刻を定めているので、昼夜の長さが等しいのは春分、秋分のみ。夏至の頃なら、昼間の一時間（江戸の半時）は長く、冬は短い。当時の時計は、この理屈の合わないからくりを独特の工夫を凝らして作り上げたもの。

時 ●とき

時間の長さの単位は「時」。一時《いっとき》は一日の十二分の一で約二時間、半時《はんとき》は一時間、小半時《こはんとき》が三十分ほど。日の出と日没を境に昼夜をそれぞれ六等分するので、季節によって昼夜の一時の長さは変わってくる。

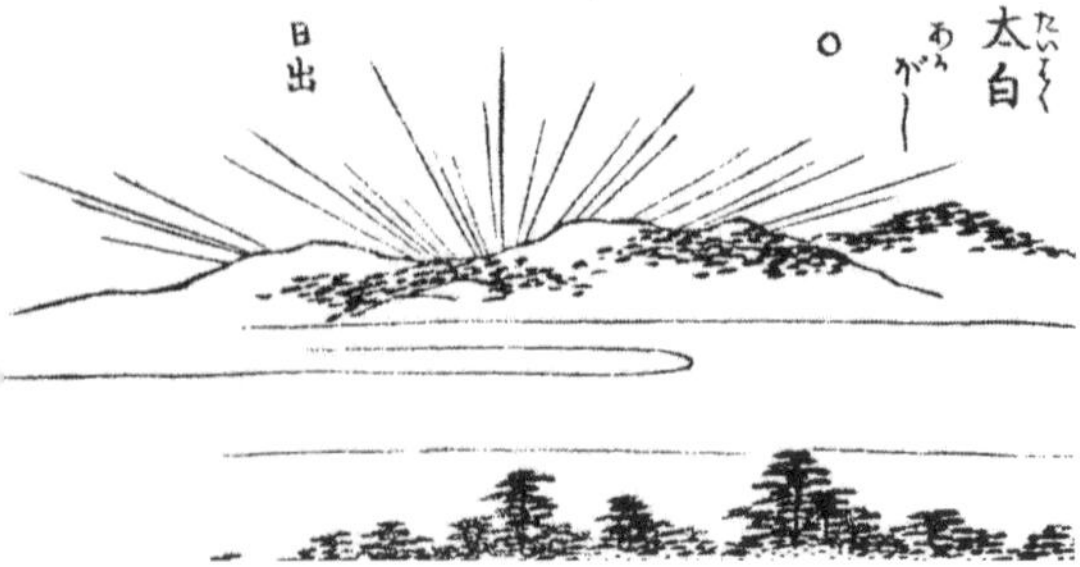

■一日の始まりは日の出から（頭書増補訓蒙図彙）

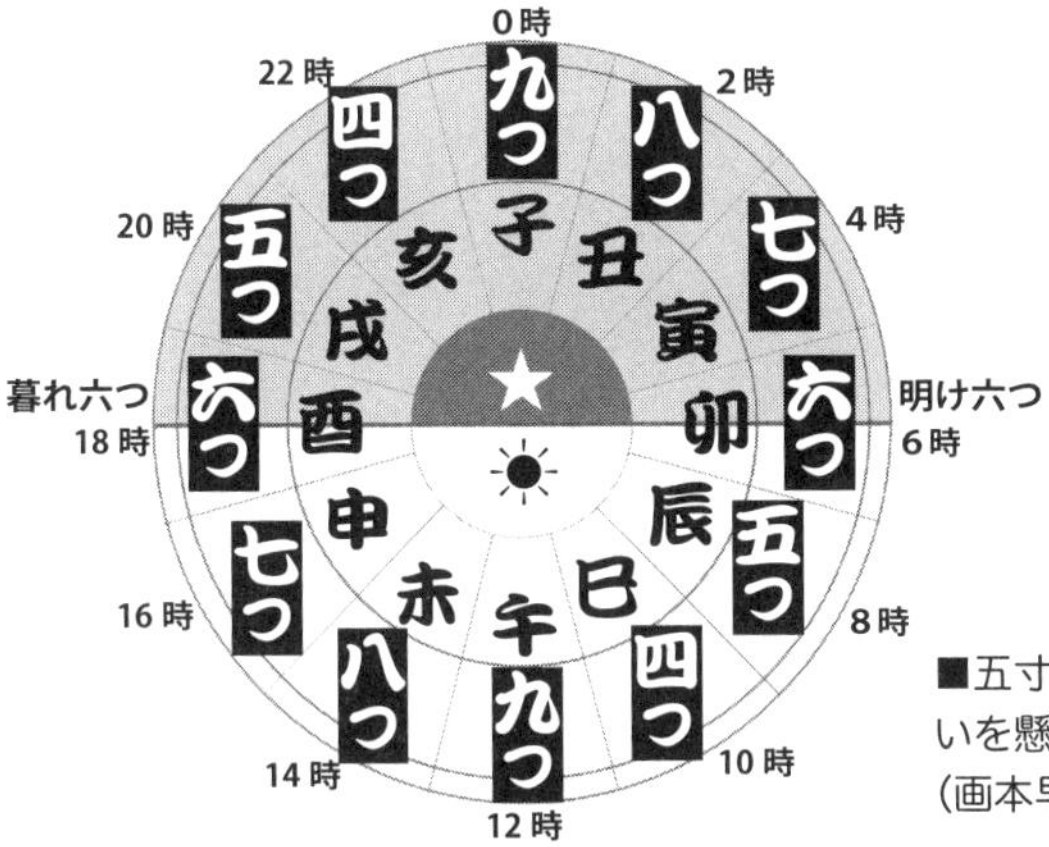

■五寸釘を打込んで呪いを懸ける丑の刻参り（画本早引）

●ときのよびかた
時の呼び方

昼夜を各々六等分して、真夜中の時間を基準に時刻の名が付いている。十二支の子の刻が九つ。以後約二時間ごとに丑（八つ）、寅（七つ）、卯（六つ）で、これが明け六つ。五つ、四つの後再び九つに戻って午後の部が繰り返される。十二支の方は夜が明けると辰巳午未申酉戌亥で子に戻る。

天文の豆知識

■夜四つ頃が稼ぎ時の屋台の蕎麦屋（狂言画譜）

不定時法●定時法が一日を等分して時刻を示すのに対して昼夜を別々に六等分するやり方。夜明けの明け六つから暮れ六つまでが江戸人の活動時間で、日の出が遅い冬場に「日が短くなった」というのは文字通りの意味。

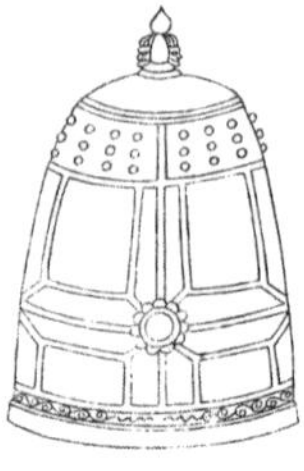

■主に青銅で鋳造される釣鐘、梵鐘（頭書増補訓蒙図彙）

時の鐘

●ときのかね

時の鐘は一日十二回、一時《いっとき》（約二時間）ごとに時を知らせる江戸の時計。三代将軍家光の時代に日本橋石町に設置され、以後浅草寺、上野寛永寺、芝増上寺など十数カ所にあった。京都にも家光公が上洛の折に下されたものが千本通にあったという。

■江戸は三回、京都は一回、本番の前に予告の捨鐘を撞く（諸職人物画譜）

天文の豆知識

未明の事件●江戸時代も暦の上では真夜中に日付が変わることになっていたが、夜が明ける前の「未明」の扱いにはぶれがあったようで、日記などで未明に起きた事柄に前日の日付を記載するといった例がままある。国学者の本居宣長《もとおりのりなが》もその一人だが、もし自身の死亡時刻が未明なら暦通りの日付を命日にするよう遺言している。

■未明の強盗事件発生。もし昼に瓦版が出たら「前日の夜」として速報されるだろう（絵本庭訓往来）

●とけい
時計

一定の速度で永遠に動く西洋の時計は、江戸ではそのまま使えなかった。そこで、基本は踏襲しながら不定時法の時を示すように工夫した和時計が作られた。代表は櫓時計《やぐらどけい》。櫓の中に仕込んだ錘《おもり》が動いて時を刻む。短冊形の尺時計、持運べる枕時計の他に目覚まし時計まである。模倣から進化を遂げる日本文化の真骨頂といえる。

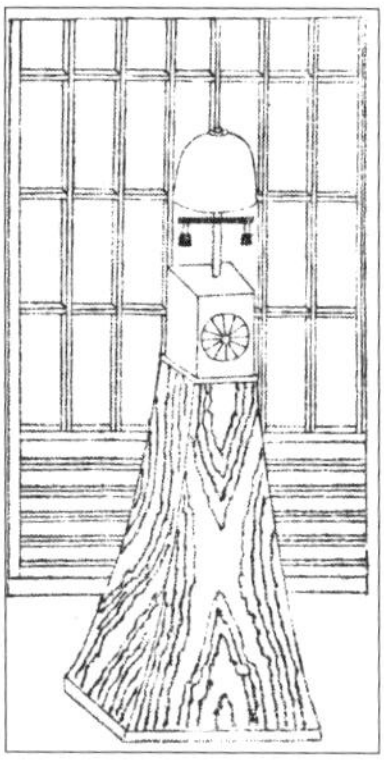

■櫓時計。文字盤には十二支と九つから始まる時の数が書かれている(頭書増補訓蒙図彙)

■櫓時計の錘を調整する時計師。右上が尺時計(宝船桂帆柱)

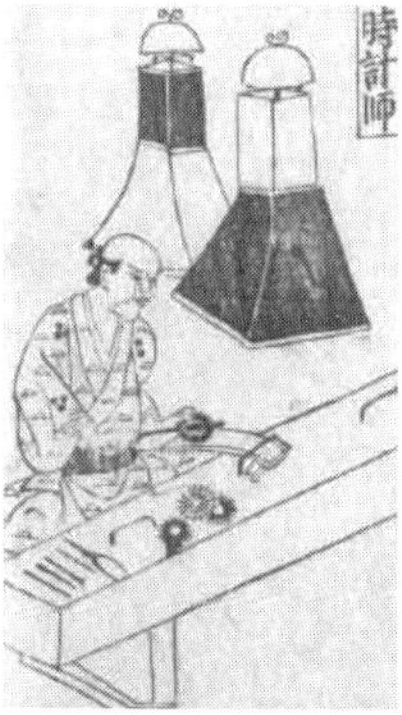

■ほとんどが大名の御抱えだった時計師(人倫訓蒙図彙)

●とけいし
時計師

戦国時代に西洋からもたらされた時計を江戸時代の厄介な仕組に対応するように改良したのが時計師。大名時計ともいわれるように需要は限られ、京と江戸に二、三名のほか全国でも時計師の数は少なかったという。

延享	1744～1748	1745●9代徳川家重
寛延	1748～1751	
宝暦	1751～1764	1760●10代徳川家治
明和	1764～1772	1772◇目黒行人坂火事
安永	1772～1781	1772▼田沼意次老中就任
		1778◇伊豆大島三原山噴火
天明	1781～1789	1787●11代徳川家斉　▼松平定信老中就任
		1782◇天明の大飢饉
		1783◇浅間山噴火
		1787▼寛政の改革
寛政	1789～1801	
享和	1801～1804	1802◇「東海道中膝栗毛」（十返舎一九）刊行
文化	1804～1818	1814◇「南総里見八犬伝」（滝沢馬琴）刊行
文政	1818～1830	1829◇「富嶽三十六景」（葛飾北斎）完成
天保	1830～1844	1832◇鼠小僧処刑
		1833◇天保の大飢饉
		1834▼水野忠邦老中就任
		1837●12代徳川家慶　▼大塩平八郎の乱
		1840▼遠山景元町奉行就任
		1841▼天保の改革
		1842◇江戸三座浅草移転
弘化	1844～1848	
嘉永	1848～1854	1853●13代徳川家定　▼ペリー来航
安政	1854～1860	1855◇安政の大地震
		1858●14代徳川家茂　▼井伊直弼大老就任
		1860▼桜田門外の変
万延	1860～1861	
文久	1861～1864	
元治	1864～1865	1864▼池田屋事件
慶應	1865～1868	1866●15代徳川慶喜　▼薩長同盟成立
		1867▼大政奉還

江戸の元号

江戸幕府が開かれた慶長から幕末までの年号早見。●歴代将軍の就任、▼政治面の出来事、◇は社会文化関連の主な出来事。

慶長	1596～1615	1600▼関ヶ原の戦い
		1603●初代徳川家康
		1605●2代徳川秀忠
		1615▼大坂夏の陣
元和	1615～1624	1623●3代徳川家光
寛永	1624～1644	1637▼島原の乱
		1642◇寛永の大飢饉
正保	1644～1648	
慶安	1648～1652	1651●4代徳川家綱　▼由井正雪の乱
承応	1652～1655	
明暦	1655～1658	1657◇明暦の大火
万治	1658～1661	
寛文	1661～1673	
延宝	1673～1681	1673◇初代團十郎初舞台
		1680●5代徳川綱吉
天和	1681～1684	1682◇お七火事
貞享	1684～1688	
元禄	1688～1704	1702▼赤穂事件
宝永	1704～1711	1707◇富士山噴火
		1709●6代徳川家宣
正徳	1711～1716	1713●7代徳川家継
		1714◇江島生島事件
享保	1716～1736	1716●8代徳川吉宗　▼享保の改革
		1717▼大岡忠相町奉行就任
		1722▼小石川養生所創設
元文	1736～1741	
寛保	1741～1744	1742▼公事方御定書制定

第二章・地理

◆江戸時代の日本と御府内

地理

品川は江戸ではなかった！

江戸時代の百科事典類は「仰いで天文を観て、俯いて地理を察る」てなことを宣い、「天文」の次は「地理」と相場が決まっていた。本書もそれにあやかって、第二章のテーマは地理。まず始めは江戸時代の日本について。信濃国を信州、長門国《ながとのくに》を長州というように、国と州は同義。当時の日本地図を通して「六十余州」と呼ばれた行政区画の有様を見ていく。

続いて武蔵国に属する「江戸」。実はどこまでを江戸というか境界は曖昧だ。時代劇では品川宿に逃込んだ御尋者《おたずねもの》が「江戸を離れりゃこっちのもんだ」などというが、街道の最初の宿場に入ってしまえば御府外の扱いになる。

関東一円の捜査権を持つ関東取締出役《かんとうとりしまりでやく》、通称八州様が取り押えた罪人が、板橋宿で待受ける町奉行所の役人に引渡されるのも同じ理屈。江戸町奉行所の支配下地域かどうかが境の目安になっていたのは事実。

この他、武家と町民の土地柄や盛り場など、地域としての江戸の地理を紹介する。

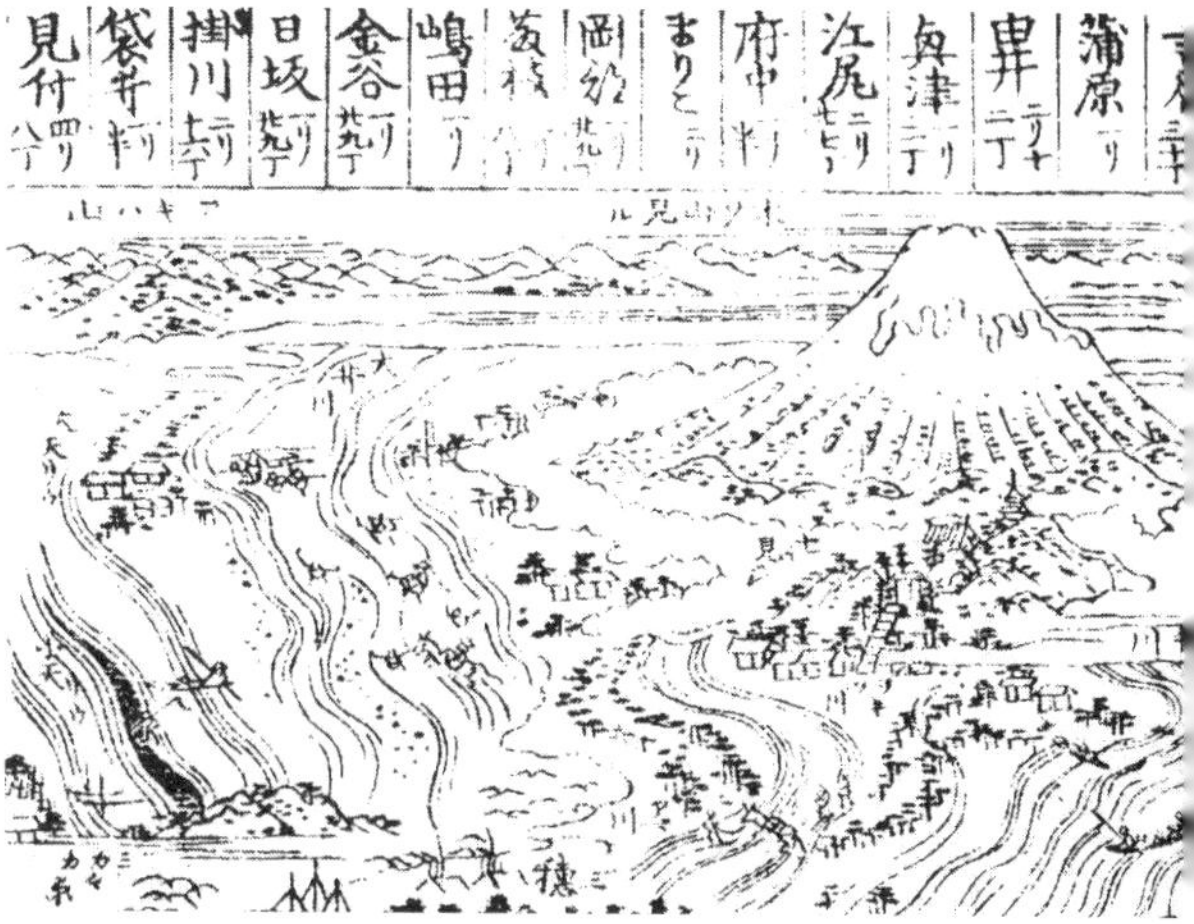

■江戸時代の幹線道路、五街道の一つ東海道。当時の旅行ガイド『旅行用心集』所載の絵図で、出発地日本橋から宿場名と宿場間の距離が記されている。

■江戸時代の旅は身分証が必要だった
（川柳江戸名物図絵）

江戸時代の日本は徳川の天下

六十余りの国を大名が治める「連邦国家」だった日本国

■天保二年（一八三一）刊行の『永代節用無尽蔵』に掲載された日本全図。北海道は明治新政府によって八番目の「道」になったが、当時は蝦夷地。

江戸時代の絵入り百科事典『頭書増補訓蒙図彙《かしらがきぞうほきんもうずい》』には、日本国は中国の東にあるので日東ともいうし、扶桑国ともいう。また須弥山《しゅみせん》の南にあたるところから、南贍部州《なんせんぶしゅう》ともいう。国内については、飛鳥時代に五畿《ごき》七道《しちどう》を定め、六十六カ国に分けて諸国に守護を据え、守らせたとある。

日本国の領土は古代から江戸期までこの五畿七道の国々から成り立っていた。五畿は大和、山城、河内、和泉、摂津の五カ国。七道

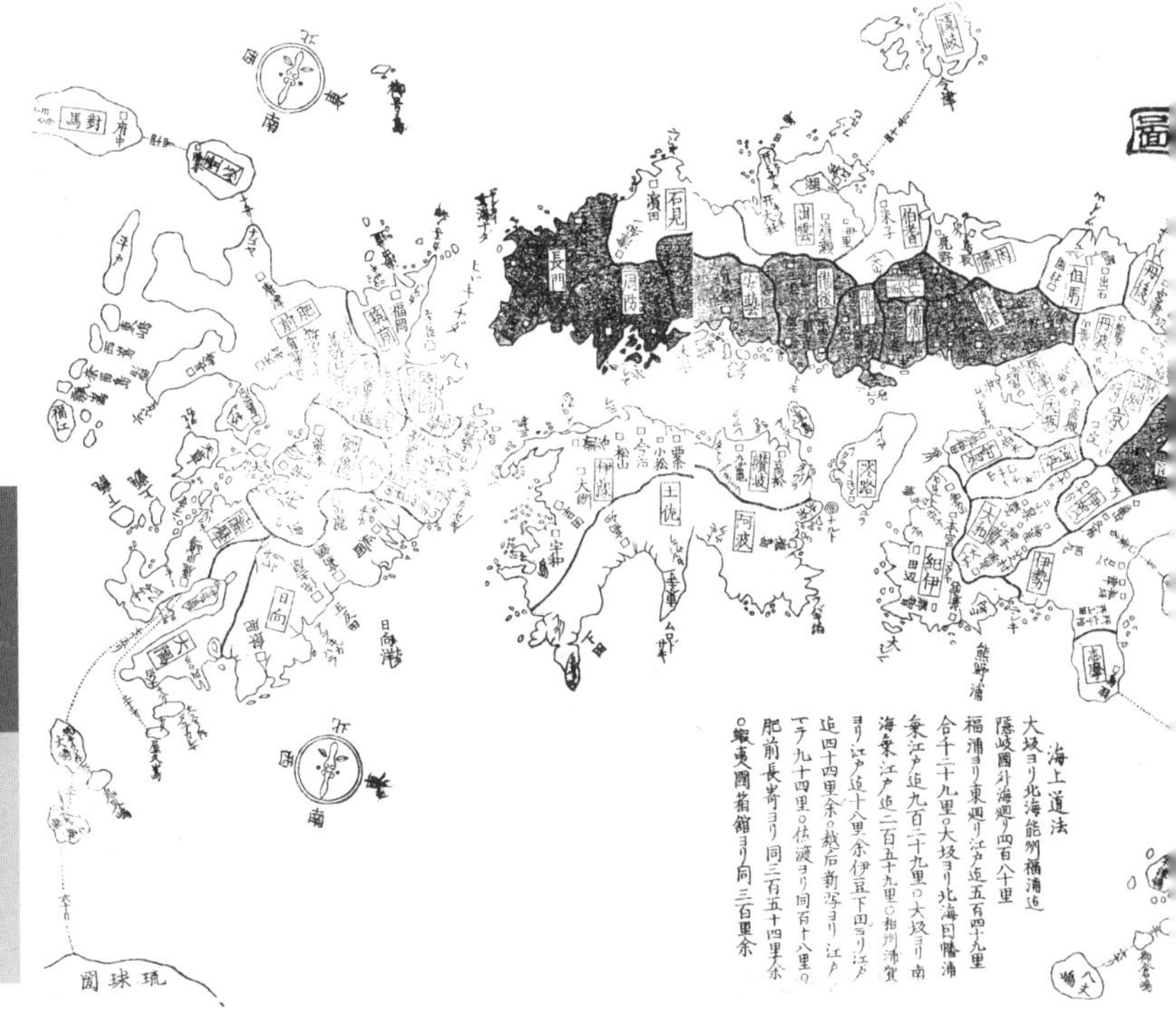

は東海道、東山道、北陸道、山陰道、山陽道、南海道、西海道で、各道はルートを含むエリアを意味する。

北は東山道陸奥国《むつのくに》から南の西海道薩摩国まで。薩摩藩が属国のように扱っていたが、琉球国は歴とした独立国家。英国と戦争までした西国の大大名、薩摩は別格としても、各地の大名たちがそれなりの領国運営をしていた江戸時代は連邦国家ともいえる。

●くにとしゅう

国と州

国も州も同義で、古代から続く地域名称のこと。全国を六十六州壱岐対馬ともいう。壱岐も対馬も一つの国で、国内は都合六十八の国々があった。ちなみに、佐渡や淡路島は「六十六州」に含まれている。

■日本橋から宇都宮経由で日光に至る日光街道。将軍や大名家の参詣はもちろん、庶民の日光詣にも使われた重要な道（木曾路名所図会）

地理の豆知識

国の別名●信濃を信州、紀伊を紀州のように国名の頭の一字に州を付けて表すのが原則。例外もあって、上野《こうずけ》(群馬)は上州だが下野《しもつけ》(栃木)は野州という。「伊」から始まる伊豆、伊勢、伊賀はそれぞれ豆州、勢州、伊州。上州無宿の紋次郎、遠州森の石松はお馴染みだが、伊賀の忍びに伊州はあまり聞かない。

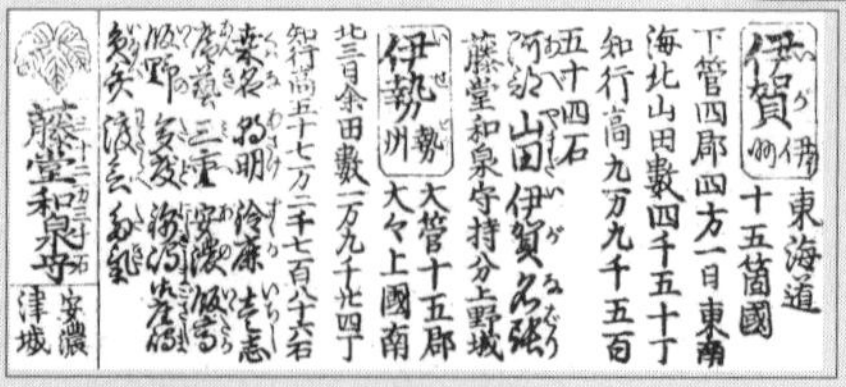
東海道 十五箇國
伊賀《いが》 伊州
下管四郡四方一日 東南
海北山田數四千五十丁
知行高九万九千五百
五十四石
阿拝 山田《やまだ》 伊賀《いが》 名張《なばり》
藤堂和泉守持分上野城
伊勢《いせ》 勢州
大管十五郡
大々上國南
北三日余田數一万九千七四丁
知行高五十七万二千七百八十六石
桑名 朝明 鈴鹿 一志
奄芸 三重 安濃 飯高
飯野 多気 河曲
度会
藤堂和泉守
安濃津城

■伊賀・伊州、伊勢・勢州と国名が併記されている(萬図節用)

●ごかいどう
五街道

江戸日本橋を起点とした五つの主要街道をいう。西へ向うのが東海道、中山道、甲州街道。北方面の日光街道と奥州街道は最初の宿場千住から同じ道を行き、宇都宮で分岐する。五街道は幕府の直轄で、武家が公務で使う本陣や脇本陣の他、宿場には旅人を泊める旅籠《はたご》が充実。

地理の豆知識

往来手形●江戸っ子が伊勢参りをするにはいくつもの国境《くにざかい》を越えることになる。江戸（武蔵国）から相模国への小旅行、大山参りは自由だったが、原則他国者が境をまたぐ際にはパスポートが要った。往来手形とは住所、名前、檀那寺、宗旨、旅の目的などを記した身分証明書のことで、居住地の町役人などに書いてもらって携行した。

■疑わしい通行人を糺《ただ》す関。かつては不破《ふわ》の関、鈴鹿の関、逢坂《おうさか》の関を天下の三関といったが、江戸期に重要だったのは箱根の関。通過には往来手形とは別に関所手形が要った（頭書増補訓蒙図彙）

地理
日本

●かみがた
上方

京坂の地唄を江戸では上方唄というように、一般には上方は地方から京坂を指していう言葉。幕府においては直轄地の領地経営を任せる代官のうち三河（愛知）以東を関東代官と称し、西を上方代官といったが、京坂はもちろんのこと、中国四国九州まで含む広域をさした。

■禁裏御所。上方は御上（天皇）のおわす都のことをいった（永代節用無尽蔵）

地理の豆知識

■樽廻船で江戸へ運ばれる下り酒。天保の改革前の樽数はおおよそ年に八、九十万樽。江戸の近郊で作られる地廻り酒も出回るが、これは十万樽（絵本庭訓往来）

上りと下り●各地から京へ向かうのが上りで逆は下り。江戸時代でも上方と一括りにされる大坂も京の都からは下坂という。上り下りはモノにも使い、下りものといって京坂から江戸へ運ばれた品々は質が良いと尊ばれた。代表が伊丹、池田、灘などから江戸に送られてくる下り酒。

関八州
●かんはっしゅう

今の神奈川、東京、埼玉、群馬、栃木、茨城、千葉にあたる、箱根峠の東に位置する関東の八カ国をいう。西から相模、武蔵、上野、下野、常陸、下総、上総、安房。領国の支配は本来国単位で行うものだが、幕府は八州全域に権限を持つ米国の連邦警察のような役職を設けている。

■広い意味で将軍のお膝元だった関八州。国名の上下は京に近いほうが上（永代節用無尽蔵）

■相州大山。江戸っ子に人気の大山詣りは箱根の関所を越えることなく通行手形が不要（永代節用無尽蔵）

武蔵国
●むさしのくに

戦国時代の覇権争いを征した北条氏に代わって徳川家康が入国したのが武蔵国、江戸。関八州を統治する要の城が江戸城。武蔵国はいずれも譜代大名が治めていた川越、岩槻、忍《おし》、岡部、六浦の五藩。

■金沢八景で知られる金沢は武蔵国の一部。通称金沢藩、正式には六浦藩《むつらはん》（永代節用無尽蔵）

江戸四宿《えどししゅく》

日本橋を起点とする五街道の最初の宿場が四宿。江戸からは出口、各街道からは江戸への入口にあたる東海道の品川宿、中山道板橋宿、甲州街道内藤新宿、日光街道と奥州街道の千住宿をいう。

■江戸の御府内から最も近い行楽地だった品川（北斎道中画譜）

地理の豆知識

大木戸●町々の木戸より大掛かりなゲートで、街道の出入口に設けたもの。東海道の高輪は大木戸を抜ければ品川に、四谷大木戸の先は内藤新宿。上中下の三宿ある板橋は上宿にあったが、千住は千住大橋で代用。

■甲州街道の江戸の玄関口、四谷大木戸を行き交う人びと。石垣の手前は御府内、右は内藤新宿（江戸名所図会）

地理の豆知識

長さの単位●小さい単位から大まかにいうと、尺《しゃく》（約三十センチ）、間《けん》（六尺）、町《ちょう》（六十間）、里《り》（三六町）となる。六尺を超える大男とか間口二間の店など、人や建物のサイズを表すのに単位を使い分ける。距離に用いるのが里と町。里は道程、町は一走りできる距離。

■縄を測る単位は尋《ひろ》。一尋は六尺（頭書増補訓蒙図彙）

■一里塚。諸国の街道に約4キロごとに設置された一里塚は、歩いて旅をする江戸時代人にとって励みになる目安（美少年始）

広さの単位●今でも土地家屋の面積表示で現役の「坪」は六尺四方、約三・三平方メートル。田畑などの広大な土地には「町歩《ちょうぶ》」を使う。一町歩は一町四方をいい、約一ヘクタール。

■大きさを「坪」でいう錦。更紗などの貴重な布には1坪が1尺四方の単位を使う（頭書増補訓蒙図彙）

意外に狭い江戸時代の江戸

山手線内に「ほぼほぼ」収まる江戸の町

●御府内《ごふない》

御府内とは幕府のあった江戸の市街地の範囲をいう言葉。四宿（38頁参照）の内側であり、東京府を経て都になった現在の東京よりずっと狭い。「府」は江戸を意味し、参勤交代で大名が江戸に詰めるのを在府といった。

■城の東に造成された御府内一の商都、日本橋（絵本続江戸土産）

徳川家康が幕府を開いた慶長八年（一六〇三）当時の江戸はわずかばかりの町人地と城しかなく、東京駅の辺りはその頃東京湾。そこを埋立て、わずか数年で幕府重臣の屋敷地を整備。さらに武家地の東、日本橋一帯を大規模な区画整理を行って町人地を造地。

家康から秀忠、家光に引継がれた都市開発が完成を見たと思われた矢先、四代家綱の時に江戸は大火で丸焼け。災いから得た教訓を生かして新たな町造りが始まり、隅田川東の本所深川一帯が町場の仲間入りをする。海や湿地帯を埋めて江戸は大きくなっていった。当初二里（八キロ）四方だった江戸の範囲は江戸の後期には四里四方。

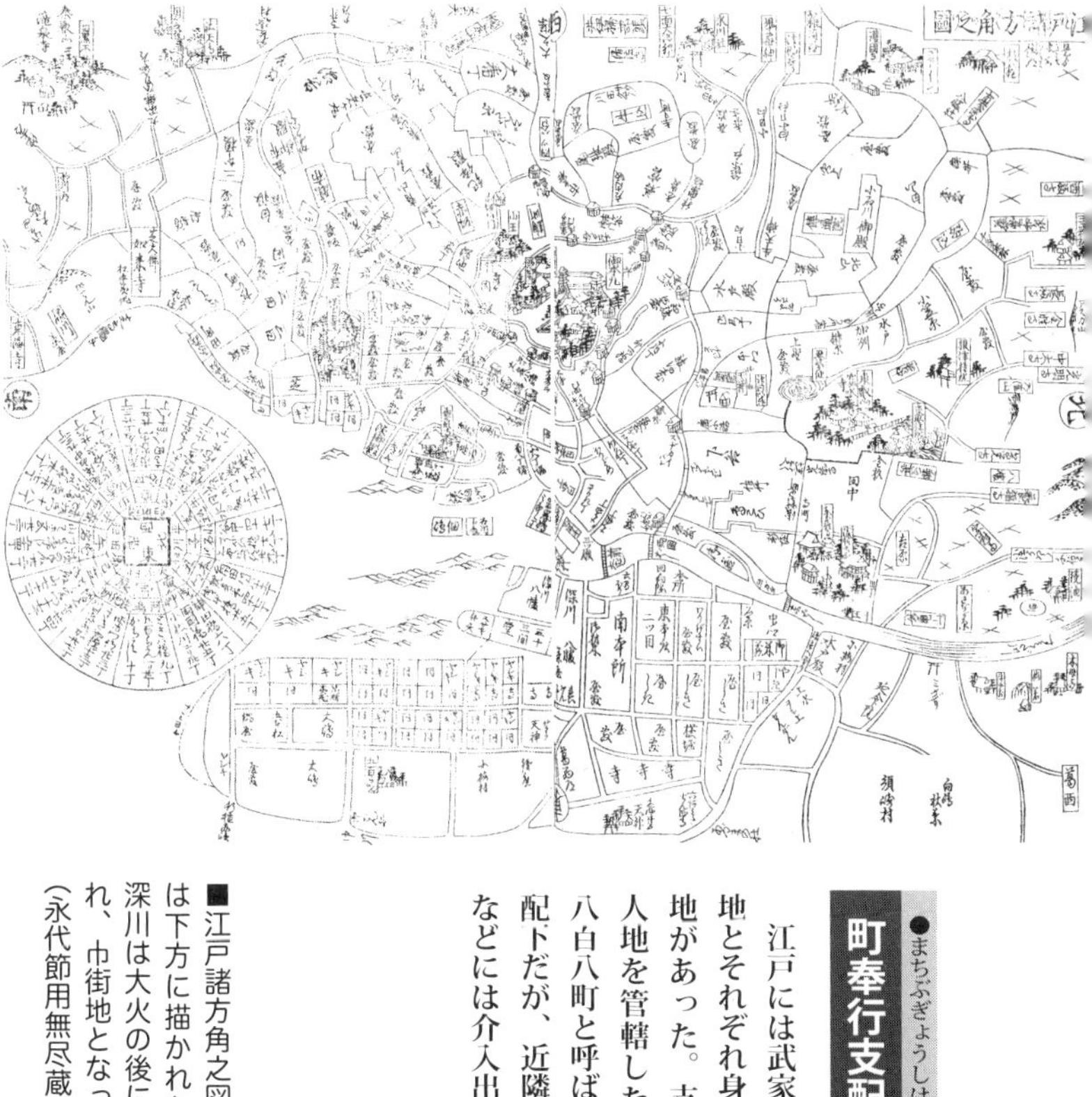

■江戸諸方角之図。図では下方に描かれた本所、深川は大火の後に開発され、巾街地となった土地（永代節用無尽蔵）

●まちぶぎょうしはいち

町奉行支配地

江戸には武家地、寺社地、そして町人地とそれぞれ身分の異なる人びとの居住地があった。支配系統も三つあり、町人地を管轄したのが江戸町奉行。俗に八百八町と呼ばれる「町」は町奉行の支配下だが、近隣の「村」や武家の屋敷地などには介入出来なかった。

切絵図《きりえず》

江戸時代には地図を絵図といい、切絵図は地域を区切って一枚ずつ作った区分地図のこと。縮尺や方位は一定ではないし、地形も歪んでいて、地道な測量を元にした伊能忠敬の実測図とは別物だが、携行に便利で人気があった。寺社名、町名はもちろんのこと、当節の住宅地図のように大名を始め、屋敷を構える旗本御家人の名が詳細に書かれている。

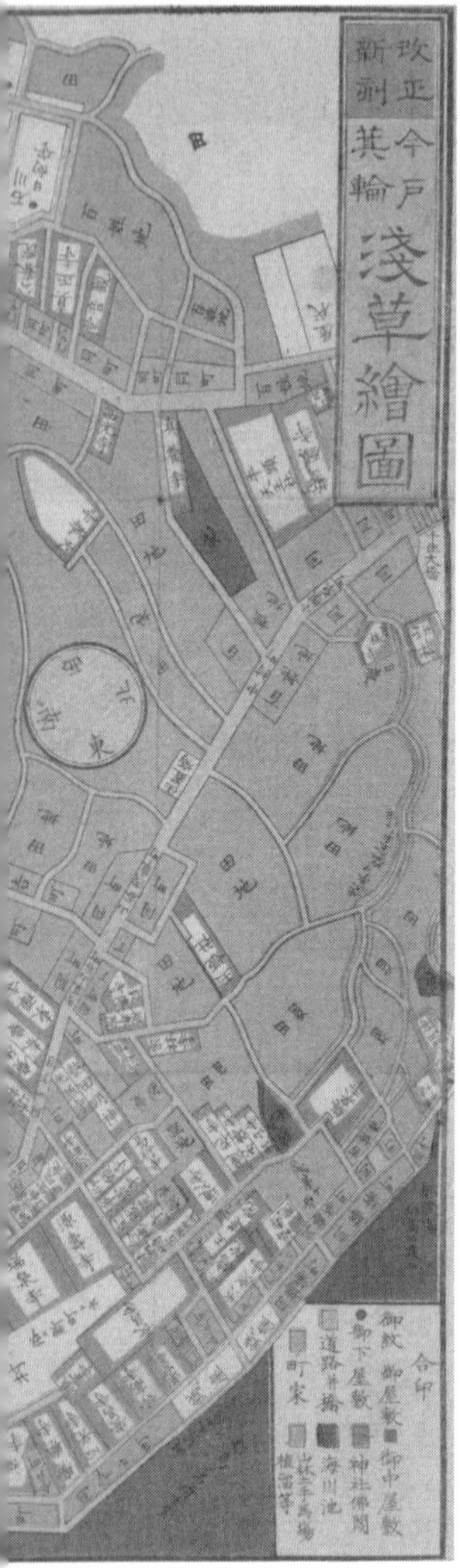

■嘉永六年（一八五三）刊行の切絵図「今戸箕輪浅草絵図」。武家地は白、寺社は赤、町人地は灰色、川は青と色分けされて見易い。左図の実物を見ると浅草寺の周りは寺が並んで赤一色。中央の四角囲みは遊廓の吉原。

地理の豆知識

朱引《しゅびき》●解釈が色々あった江戸の範囲を初めて幕府が明確にしたのは文政元年（一八一八）。大判の地図上に朱筆で境界線を入れ、この朱引内が御府内であるとした。その範囲は品川宿の南から時計回りに新宿、板橋、千住と四宿を通り、隅田川を越えて亀戸までとなっている。

嘉永六丑年新鐫
戸松昌訓著
麹町六丁目
板元 尾張屋清七

天下の政を取仕切る江戸城

本丸
●ほんまる

皇居東御苑として公開されている江戸城の本丸跡。本丸御殿は表《おもて》、中奥《なかおく》、大奥と三区域に分かれ、中奥が将軍の居室。起居し、執務もした。表は儀式用の大広間や役人の仕事部屋が並ぶ政《まつりごと》の心臓部。

■本丸御殿の大広間で将軍の出座を待つ諸大名（徳川盛世録）

江戸城は一日にして成らず。三代将軍まで工事は続いた

室町時代に太田道灌《おおたどうかん》が築城した江戸城は領主の居城だったことはなく、扇谷《おおぎがやつ》上杉氏や北条氏の支城。そこへ豊臣秀吉に屈するまで六十余年間支配していた北条氏から関東一円を任された家康が江戸の地にやって来たが、道灌時代からの城は規模も小さく石垣もない。手始めに自然の地形を利用して内堀を整備。

開府後は各地の大名を動員して本格的な普請が始まり、慶長十二年（一六〇七）天守閣が完成する。事業を引継いだ秀忠は外堀に着工。神田山を崩し、堀を造り、元からあったささやかな平川の流れを付け替えて江戸城の総構えが出来上がる。

■左が櫓で中央は大手門。門には石垣を跨ぐように造られた渡櫓《わたりやぐら》があり、下が通路になっている（徳川盛世録）

櫓 ●やぐら

城の四方に造り、敵を常に見張るための高い建物が櫓。江戸城には内堀を睥睨《へいげい》するように二十を超える櫓が堀の角々にあった。二重櫓が多かったが、現存する富士見櫓は天守閣並みの偉容を誇る三重の高楼。

地理の豆知識

天守閣●城の中心になる建造物天守は、城中の最も高い物見の場所。江戸城の天守閣は石積みの天守台込みで約六五メートルの高さがある地下一階、地上五階建ての高層建築。家康から将軍の代替わりごとに建替えをしていたが、家光の代の天守が明暦の大火で焼失。以後再建はされていない。

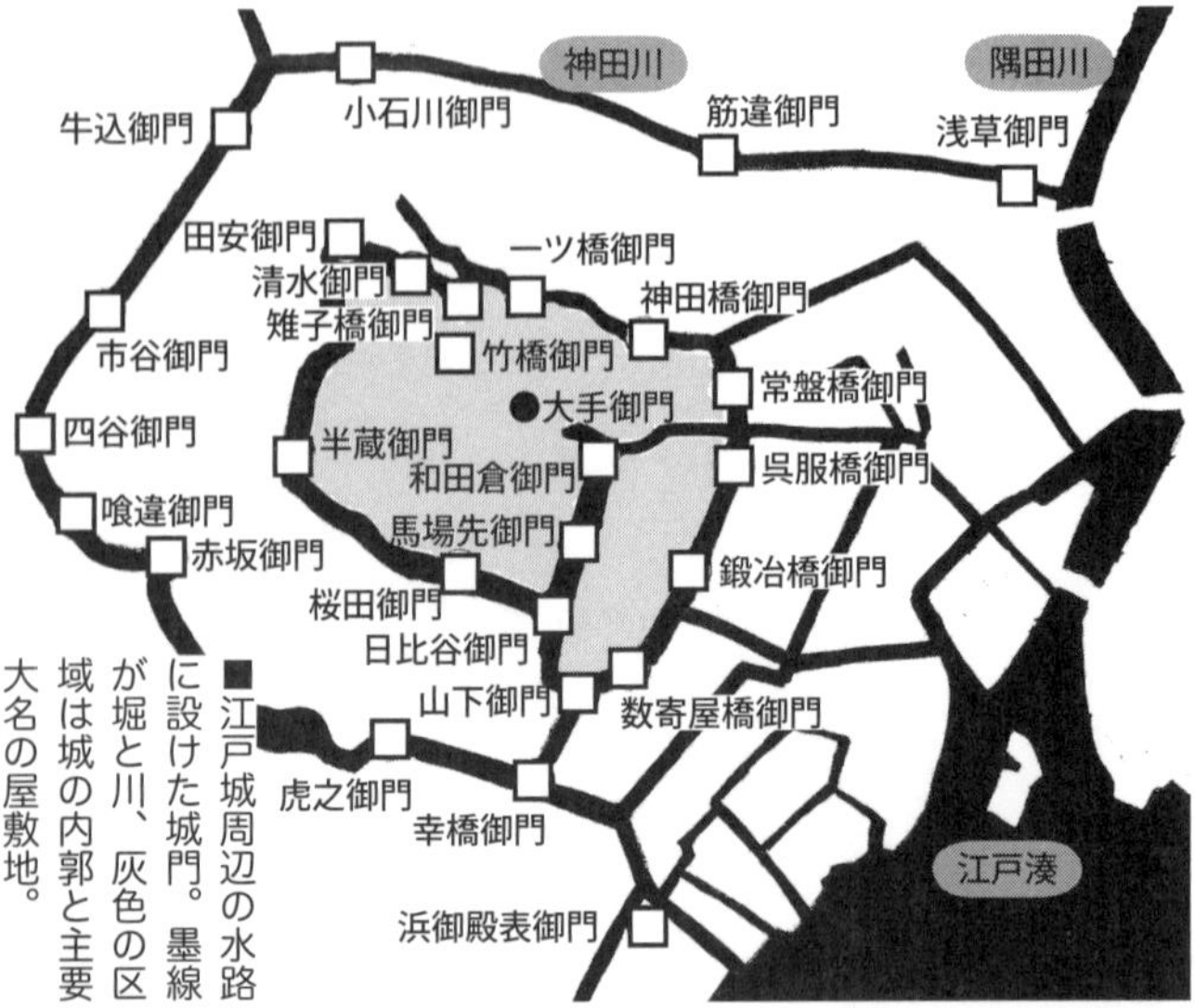

■江戸城周辺の水路に設けた城門。墨線が堀と川、灰色の区域は城の内郭と主要大名の屋敷地。

地理の豆知識

見附と御門●駅名にもなっている赤坂見附を始め、四谷、市谷に名が残る見附。江戸城の内郭外郭の城門警備をする小さな関所のようなもので、升形《ますがた》という特殊な構造をしている。升内の隣り合った二辺に門を設け、直進を防いでダブルチェックをする仕組。俗に三十六見附といわれたが、実数はもっと多かったとか。

■筋違見附《すじかいみつけ》。秋葉原の万世橋辺りにあり、橋の北側一帯は町家で、その先が寛永寺（江戸名所図会）

御府内の半分以上は武家地

外郭の内外は大名屋敷や旗本屋敷が占める

城下町江戸の開発が一通り完成した頃、武家地は御府内の約八割を占め、時代が下るにつれて町人地の割合が増えるものの幕末でも六割を超えている。

大まかにいえば、江戸城大手門の東から南、西へと外堀の内側は大名屋敷、城北の番町や駿河台が幕府直属の旗本屋敷の地域。屋敷地は城に近いほど身分の高い大名家に下され、周辺部は外様大名や与力同心などの組屋敷にあてがわれた。

明暦の大火（一六五七年）の後に整備された本所地区は小禄旗本、御家人の居住地だが、両国橋を渡って登城するには結構な距離だ。

●やまのて
山の手

江戸時代の山の手は山手線内側の高台の地域のこと。外堀北の本郷や小石川、西の市谷、四谷、赤坂、青山など、武家屋敷が多く、粋自慢《いきじまん》の下町の江戸っ子には野暮《やぼ》に映ったようだ。

■『江戸名所図会』所載の霞ヶ関図。石垣は福岡の大大名黒田家で、現在は外務省になっている。手前の大通りを右へ行けば桜田御門。

大名屋敷

●だいみょうやしき

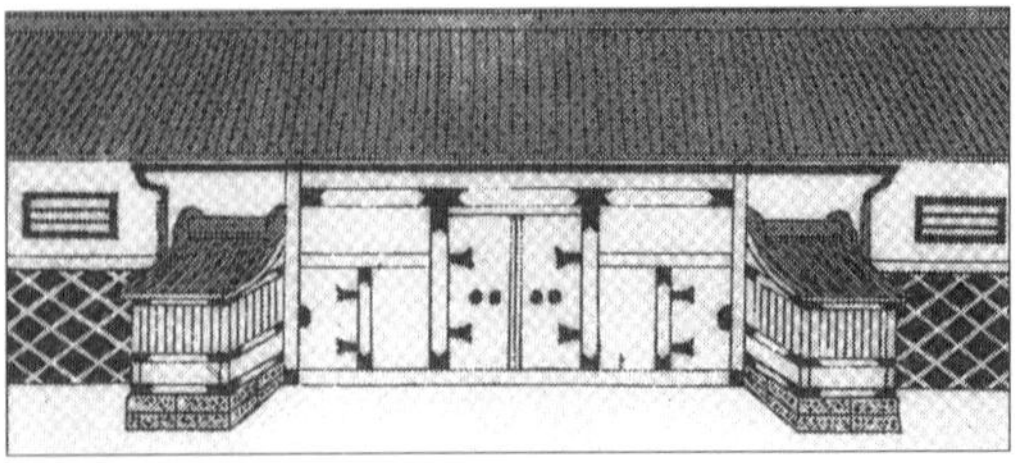

参勤交代が義務づけられた大名に幕府から下賜《かし》された江戸屋敷のことで、上屋敷、中屋敷、下屋敷の別がある。城に近い上屋敷は在府中の大名と常住の妻子が住む本邸で、中屋敷はその控え。下屋敷は郊外に設けられた別邸。

広さは領地の石高に応じておおよその決まりがあり、一万石の小大名でも二千五百坪の屋敷を拝領。加賀百万石の前田家や水戸徳川家の上屋敷は十万坪を超える。

■大名屋敷の表門。屋敷地の広さばかりでなく、門の様式も大名の格によって異なる。図は五万石以上の大名の門（徳川盛世録）

地理の豆知識

■行列の後ろが長屋門。二階の窓は縦格子のついた武者窓（絵本庭訓往来）

長屋門●長屋門は武家屋敷の代表的な門。観音開きの門の左右に、通りに面して外壁のように建てられたまさに長屋で、水戸藩のものは「百軒長屋」といわれるほどべらぼうな規模。主に家臣が住み、参勤の際に同道した江戸詰めの藩士も滞在。

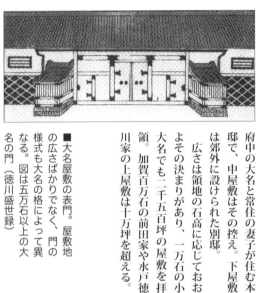

●はたもとやしき

旗本屋敷

旗本は将軍に謁見《えっけん》出来る、御目見《おめみえ》の資格がある禄高一万石未満の幕府直参のことで、その数は五千人ほど。屋敷は駿河台から番町周辺、本所界隈に集中。二、三百石程度の小禄でも六百坪、三千石の大身ともなると千坪を超える。

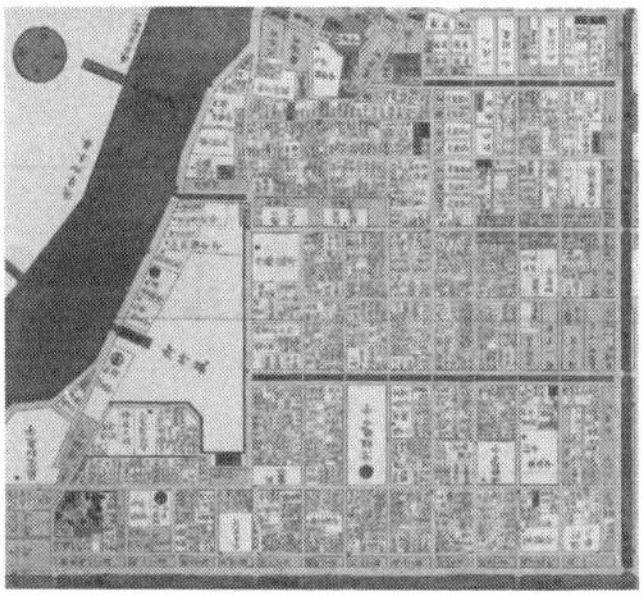

■切絵図の「本所絵図」。所々に大名屋敷がある他は旗本、御家人の屋敷が密集している。図の枠外になるが、南には遠山金四郎の名もある。ちなみに同所は「本所の銕《てつ》」こと長谷川平蔵の旧宅で、屋敷替えの後に金さんの下屋敷になった。

■長屋の入口に掛かる表札代わりの看板。医者や祈祷師の札が並んでいる(浮世床)

地理の豆知識

表札●武家屋敷には一切表札はないし、町奉行所や火付盗賊改方といった役所名を大書して門柱に掲げることもない。庶民は商家なら提灯や看板を出し、長屋の住民は右図のように木戸の上に札を、音曲の師匠などは稽古所に流派や名前を書いた表札を出したが、氏名を記すだけの表札はなかった。

町名が各々付いている町人地

下町《したまち》

武家の住む山の手に対して城の東に造成された町人地が江戸期の下町。神田、日本橋、京橋からせいぜい新橋までの地域を指したが、次第にその範囲は広がった。

■日本橋。橋の南北に大店が軒を連ねる町人地の核（木曽路名所図会）

二割に満たない土地に商人、職人、犬猫がひしめく町

左頁の図は家康が幕府を開いて四十年余り、家光の世に出来上がった江戸の水路。江戸城を起点に渦を巻くように内堀から外堀、神田川を経て隅田川に注ぎ、ゆるやかな楕円を形作っている。

家康は入国した当時沼地同然だった下町地区を埋め立て、日本橋、神田を造地して町人の町が出来上がる。当時一割にも満たなかった町人地は、隅田川を挟んで東の本所、深川地区の開発が進み飛躍的に発展するが。それでも二割程度。そこに総人口百万のうち半数を占める町人が住む、超過密地帯。

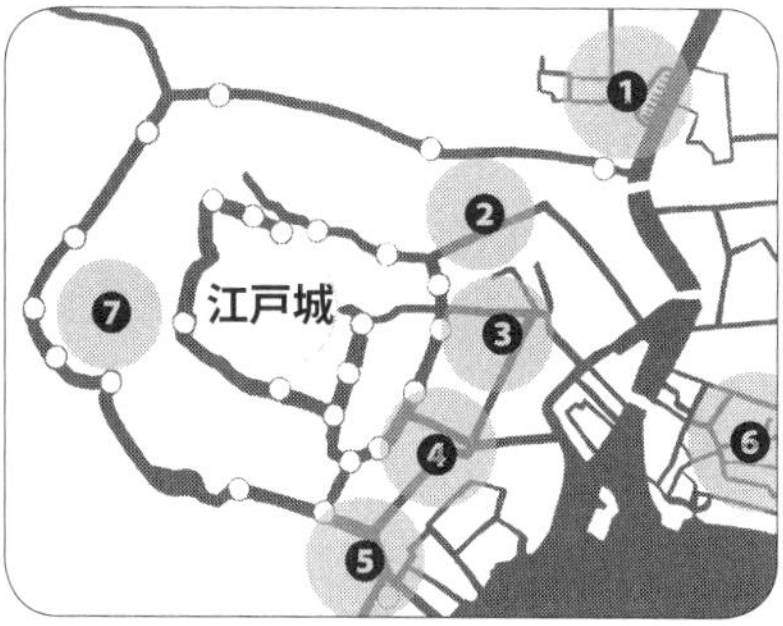

■浅草❶にはお上の御米蔵があり、浅草寺のお膝元。神田❷、日本橋❸、京橋❹地区は江戸の商いの中心地。芝❺は増上寺を控え、深川❻は名のある料理屋がひしめく。麹町❼は武家地のなかにあるようなもので、御用達商人も多かった。

江戸の町人地

八百八町《はっぴゃくやちょう》

橋の多い大坂は八百八橋、江戸は八百八町といわれる。実際八代将軍吉宗の頃はそれに近い町数だったが、その後倍増。江戸後期の『守貞謾稿』には「今、江戸の町数は一千六百四十一町」とある。

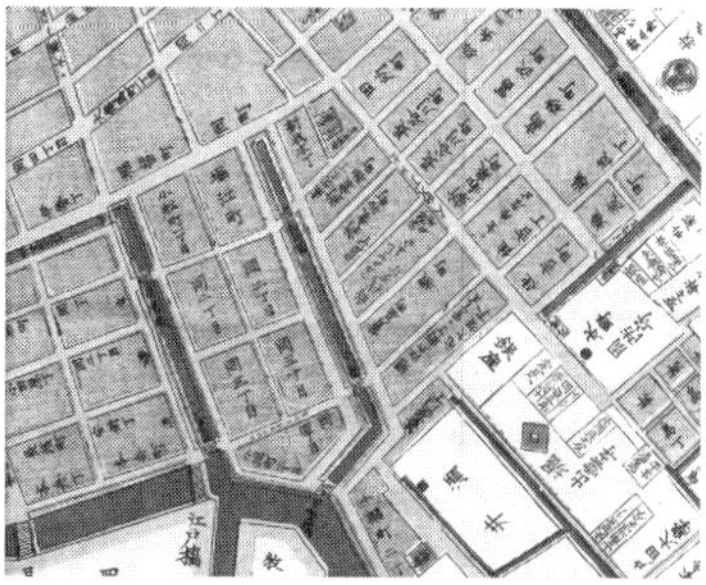

■切絵図に見る日本橋北の地区。通りを挟んだ両側の区画を合わせて一つの「町」とするのが基本形。

地理の豆知識

代地●都市開発はお上の仕事だった江戸時代。広い公用地が要るとなれば「町」を丸ごと取上げることもある。その際に近郊にあてがわれたのが代地。切絵図には「○△町代地」と元の町名を付した地名が結構ある。

表店《おもてだな》

江戸の町人地は一から造り上げた商業地区。縦横に通りが走り、碁盤の目とはいかないまでも四角い区画が続き、一区画は四千坪余り。この表通りに面して建つのが表店で、主は大店を構える商人。屋敷地に長屋を建てて店貸しもした。

■表店。通りの角は軒下に杉玉が下がる酒屋。隣は店先に箱看板を出している白粉屋（頭書増補訓蒙図彙）

■神田鍛冶町裏通りにあった下駄新道の見世蔵。店先で商談し、脇には下駄の台を作る職人の姿がある（江戸名所図会）

地理の豆知識

見世蔵●建物全体を土蔵造りにした店舗が見世蔵。戸前《とまえ》（蔵の出入口）は裏に造り、表は開け放つ。壁は漆喰《しっくい》で厚く塗り込め、屋根は瓦葺きの耐火建築。火事が多い江戸ではお上からも推奨された。

■木戸の上に住人の生業や名前を書いた小札が掛っている裏店の入口。木戸は夜明けに開け、日が暮れる暮れ六つに閉めて不審者の侵入を防いだ（浮世床）

裏店

●うらだな

表通りの商家が表店なら裏通りの小商いかと思われるが、裏店は路地裏の長屋のこと。表店の奥の空き地を利用して地主が建てる極狭い集合住宅（100頁図参照）。ちなみに、表通りや横町に面したゆとりのある長屋は表長屋という。

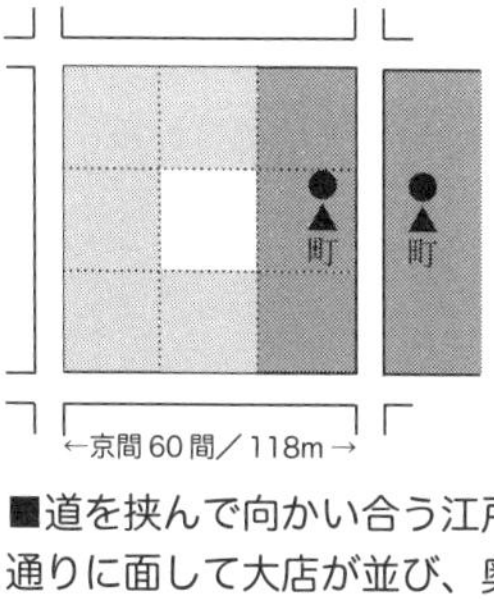

■道を挟んで向かい合う江戸時代の町。通りに面して大店が並び、奥の一画に作られる長屋がいわゆる裏店。

日本中から物が集まる江戸の海

四〇〇年の伝統がある、埋立工事で増殖する江戸東京

■漁師町だった佃島《つくだじま》。昭和の東京五輪の年に架橋されるまで、渡し船が運航（江戸名所図会）

東京湾の海岸線は江戸の初期から大きく変貌している。徳川家康が江戸に入府した頃は今の有楽町から東京駅の近くまでは入江になっていて、日比谷駅の辺りに船着場（湊）があったという。日比谷入江《ひびやいりえ》と呼ばれたこの一帯の埋立から着手し、家臣団の居住地を造り、さらに町場を造成。平行して堀をめぐらし、湊に着いた物資を要所要所に設けた河岸に降ろすという物流の仕組を築いた。民族移動のように次々に新開地にやって来る何千何万という人びとの暮らしを支える受皿作りは必須。衣食住を賄う全てを他国から調達するための都市計画を思案した家康は、まさに天下人の器。

●えどみなと
江戸湊

隅田川の河口から南へ芝浦（芝浜）辺りまで続く江戸前の海に設けた船着場が江戸湊。西からの下りものを積んだ廻船は湾内の湊から荷を小船に積替えて市中の河岸へ運んだ。

■広重の「東海道五十三次」に描かれた品川。街道の両脇に旅籠が並び、目の前は遠浅の海が続く。

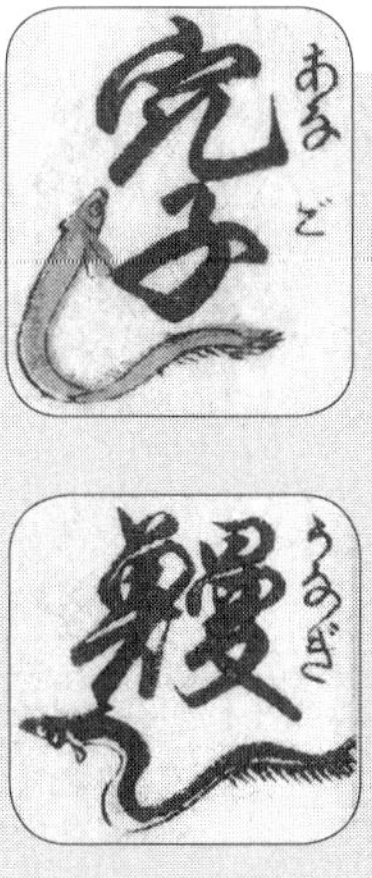

■当節は羽田沖のものが「江戸前穴子」と称してブランド品になっている。江戸中期以降、江戸前の筆頭だったのは鰻（商売往来絵字引）

地理の豆知識

江戸前●握り寿司の代名詞にもなっている「江戸前」。江戸時代には湾内の近場で獲れた穴子、芝海老、小《こ》鰭《はだ》などをいい、天ぷら種の代表格だが、看板に江戸前を掲げたのは実は鰻屋。隅田川の千住、深川辺のものが良しとされたという。

日本一の盛り場は両国と浅草

象も駱駝もやって来る、見世物小屋が大盛況！

■大花火が揚がる両国の川開き。旧暦五月二十八日の初日から川仕舞いの日まで三カ月間は、納涼船が出て、川面も賑わった（江戸名所図会）

古くは京の四条河原、大坂なら難波新地や天満天神がよく知られるが、江戸の御城下には祭でもないのに人が集まる広場、盛り場がたくさんあった。類焼を防ぐために整備した広大な空き地、火除地《ひよけち》がいつの間にか盛り場に転じた広小路。参詣人目当ての茶屋を始め、小屋掛けの芝居や見世物が溢れる寺社の境内も立派な盛り場だ。筆頭は両国界隈と浅草寺。

江戸時代に単に両国といえば橋西詰めの両国広小路を指し、東の両国は向う両国といったようだが、橋の上も含めて江戸随一の盛り場。浅草寺は本堂裏手の通称奥山が大道芸や見世物で賑わった。

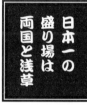

両国 ●りょうごく

■両国橋の納涼風景。屋台ばかりでなく、看板娘を置いた水茶屋や矢場《やば》（楊弓場）もたくさんあった（絵本江戸みやげ）

船旅を終えて長崎から歩いてやって来た駱駝《らくだ》が大評判を取ったのが両国広小路。両国橋西詰めの広小路には芝居や見世物の仮設小屋が建ち並び、食べ物の屋台も出た。普段は日没で店仕舞になるが、夏場の三カ月は夜間も営業が許された。

地理の豆知識

■松坂屋から上野公園入口に至る道を広げて造られた下谷《したや》広小路。将軍家の菩提寺東叡山寛永寺に参拝の折に使った御成道でもあった（江戸名所図会）

広小路●江戸時代で最大の火事、明暦の大火後に整備された防火用の空き地が火除地。広大なスペースを設けることで火勢を断切るのが目的。両国広小路、下谷広小路、浅草広小路は江戸時代に最も賑わった盛り場だが広小路は火除地の役を担った広場でもあった。

浅草 ●あさくさ

浅草は古くから浅草寺の門前町として賑わったところだが、江戸時代には両国に並ぶ盛り場。毎月十日の縁日、なかでも参詣すると四万六千日分の御利益がある七月十日の四万六千日詣《しまんろくせんにちもうで》は大人気。また天保の改革以後は浅草寺の東に歌舞伎の江戸三座が移転、猿若町という名の芝居町として栄えた。

■浅草寺雷門。門を潜って突き当りの観音堂奥が通称奥山。芸達者な物売りもいれば、綺麗な娘が接客する楊枝店があちこちにあった（絵本江戸みやげ）

■芸を見せて歯磨粉や薬を売る見世物、居合抜（今様職人尽歌合）

地理の豆知識

浅草奥山●浅草寺観音堂の裏手にあった一大娯楽ゾーンが奥山。見世物小屋が並び、軽業、居合抜、女相撲、独楽回しなど、どの芸も人気があった。居合抜で知られた松井源水は後に曲独楽《きょくごま》に転じ、浅草奥山で独楽回しの芸で人を集め、歯磨粉や先祖伝来の売薬、越中富山の反魂丹《はんごんたん》を売った。

男社会の江戸の町

人口百万を超える巨大都市といわれる総城下町の江戸。国勢調査である程度分かる今日と違って、江戸の総人口を示す記録はない。特に諸国の大名が住む武家地に、奉公人も含めてどれだけの人数が詰めているかは、お上でも実数は掌握できなかった。

■参勤交代に同行する単身赴任の藩士（絵本士農工商）

■男子過剰で嫁取りが難しい町人（民家育草）

●武家人口《ぶけじんこう》

旗本八万騎といわれるが、これは家臣込みの数。吉宗の頃の記録では旗本は約五千、御家人一万七千。本社（幕府）が社員管理をするのは当然だが、傘下の別会社（大名家）の詳細は不明。江戸在府の家族まで入れて武家地の人口は六十五万人とされる。

●町人人口《ちょうにんじんこう》

五代将軍綱吉の時代、元禄八年（一六九五）に町人の徹底調査が行われ、約三十五万人との記録が残る。当時の男女比は二対一！　その後調査は定期的に行われ、江戸後期には六十万人ほどになっているが、次第にその差は縮まった。

第三章・生業◆江戸の商いとお金事情

生業

日々の暮らしを支える町角の商人

部屋住《へやずみ》の三男坊で無駄飯食いのお旗本ならいざ知らず、庶民は誰でも働く。よほど裕福な家の生まれでもなければ、幼い頃から奉公に出るのが普通だ。生業《なりわい》とは、いうまでもなく生計を立てるために就く職のことだが、この章では商いを中心に見ていく。まずは江戸時代の働き方のうち、会社勤めに近いお店《たな》奉公の仕組にふれた後、モノを大事にする当時の暮らしに欠かせなかったリサイクル、修理、レンタル業の代表的なものを取上げた。

長屋住まいの熊五郎にいわせれば「エコ？　なんだいそりゃ。旨いんかい」てなもので、地球環境に鑑みてではなく、もったいないから使えるモノはとことん使う、それだけのことだが。

また、上方は銀本位制、江戸は金本位制と別ルールで動いている上に、通貨間の交換も現代人には分かり辛いのが江戸時代。そこで最後は通貨を始め、賃金、税金とお金にまつわる事柄をご紹介。

■様々な物売りでごった返す日本橋。川岸には大店の蔵が並ぶ（北斎道中画譜）

江戸時代の働き方事情

正規雇用も短期もあるし、気ままな一人商いも悪くない

■通りに面した大店。奥には主人家の居室や奉公人が暮らす部屋もある（戯場粋言幕の外）

武家の主従関係を「御恩と奉公」という。主人の恩に報いるのが奉公で、江戸期には商人や職人の家に入り、勤めることをいう。

雇用期間によって色々あるが、一定の期間住込みで働く「年季奉公」は会社勤めに似ている。一年単位の一季奉公、半年の半季奉公などは契約社員といえなくもない。これらの奉公とは違って主人を持たないフリーランスも数多《あまた》いる。江戸の町を賑やかに往来する様々な物売りや修理屋などは個人事業主。わずかな元手で商いを始め、中には店を持って主となる者もいたろう。武家や農民は代々家の仕事を継ぐのが定めだが、町民には働き方を選ぶ自由が多少あったといえよう。

年季奉公
●ねんきぼうこう

期限を決めて奉公するのが年季奉公。遊女が客に、年《ねん》が明けたら一緒になるなどと空約束をする場面が落語によく出てくるが、この「年」も年季奉公の一種。前借金の完済が年明けとなる。商家に勤めるお店奉公なら早ければ七、八歳、遅くとも十歳頃までに奉公に上がり、約十年勤めるのが普通。

■年季奉公を終えて手代に出世し、奉公人の頂点に登り詰めた番頭(宝船桂帆柱)

■日本橋葭町《よしちょう》に多かった口入屋(今様職人尽歌合)

口入屋
●くちいれや

手数料を取って短期の勤めを仲介する商売。商家には春秋で交代する半季奉公の下男下女を斡旋。武家も下働きの中間《ちゅうげん》や参勤交代の行列を担う人員を口入屋を通して臨時に雇うことがあった。

生業の豆知識

分家と別家●兄弟等が本家から別れた家が分家、商家の手代や番頭が独立して新しく店を持つのは別家と呼んだ。いわゆる暖簾《のれん》分《わ》けで、本家と同じ屋号を名乗れるし、得意先も分けてもらえた。

再利用は江戸人の基本技

日用品はとことん使い、買取りの商人は大繁盛！

例えば裏長屋で一人暮らしを始めるとすると、日用の雑器や夜具の果てまで古物を商う店でまかなえる。日々の生活に要るものは、わざわざ新品を誂えなくとも間に合ったのが江戸時代。道具類は道具屋で、衣類は古着屋で見繕う。呉服屋の店先で反物を品定めをし、仕立てるとなれば高くつくので、庶民は古着で良しとするのが当り前だった。

手放す人から買取り、次の利用者に売る。貴重品だった紙はもとより、使い切った蝋燭《ろうそく》や竈《かまど》の灰までもゴミにはしない。使い古しの紙は漉《す》き直して再生紙に、灰は肥料や灰汁《あく》抜きに使われた大切な資源。リサイクル、リユースは江戸っ子の暮らしの基本といえる。

紙屑買い《かみくずかい》

古くなった帳簿や書損じの紙を買取る商売。「屑屋お払い」と呼掛けながら町内を回って歩く。買取ったものは選分けた後、専門の漉返し屋《すきかえしや》へ売られ、再生する。「浅草紙」と呼ばれたちり紙はもっぱらこの再生紙だった。

■古着や古銅などもついでに買う「ちり紙交換」の元祖、紙屑買い。買取るものは竿秤で量る（今様職人尽歌合）

■古着の他に帯、足袋、反物の質流れを商った古着屋（宝船桂帆柱）

■四隅に足が付いた「竹馬」という籠に荷を積んだところから「竹馬古着屋」という（守貞謾稿）

竹馬古着屋

●たけうまふるぎや

江戸には古着の店が集まる町があちこちにあったが、行商人もいた。すぐに着られる着物ばかりでなく、古着を解いて衿、裏などに分けて竹籠に積み、長屋などを売り歩いた。

生業の豆知識

へんてつ屋●江戸後期の風俗誌『守貞謾稿』に、日本橋にある風流な古物を扱う店が載っている。古さに値打がある品々、舞楽や猿楽の衣裳を始め、古い錦繍《きんしゅう》、更紗《さらさ》などの切れを売る。切れは表具の修理や茶道具を入れる袋などを作る人のために用意しているが、新品に古色を施す技がうまく、人呼んでへんてつ屋。

■袋物や表装に用いられた大和錦（萬物雛形画譜）

蝋燭流れ買い《ろうそくながれがい》

専ら武家や大店の灯りとして使われた蝋燭は高価なもので、燃え尽きた後も再生された。この解けて流れ出た蝋を買い集めるのが蝋燭の流れ買い。風呂敷を背負い、秤持参で買い歩く。

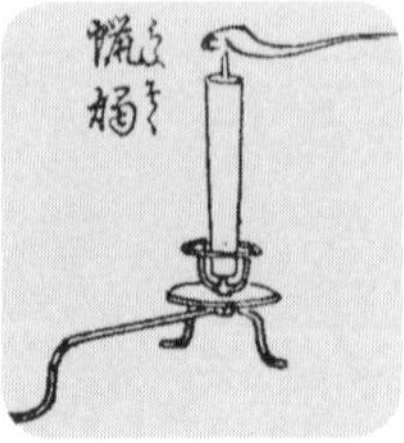

■燃え尽きた後も再生される蝋燭（絵本庭訓往来）

灰買い《はいかい》

台所で薪を燃し、煮炊きをした後に出る竈《かまど》の灰を買取る商人もいる。「灰買い」は、肥料になる農家の必需品の灰を都市部の家々から集めて問屋に売った。

■畚《もっこ》（藁などで作った運搬用具）を持って回った灰買い（守貞謾稿）

生業の豆知識

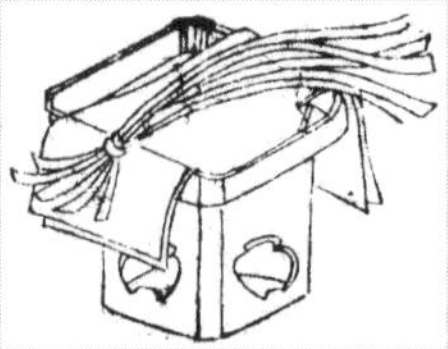

■三方に載る熨鮑《のしあわび》。献残屋にはこのほか昆布、干し海鼠、胡桃《くるみ》なども持込まれた（女用訓蒙図彙）

献残屋《けんざんや》●未使用の贈答品などを買取る商売も江戸時代にはあった。献上品の余り物、残り物を扱うところから「献残屋」。武家同士、あるいは町人から武家へ贈った進物は、不用であれば売り払われ、必要な人が買っていく。江戸城の周辺にはたくさんあるが、京坂は極わずかだったという。

●ふるわんかい
古椀買い

日々の膳に欠かせないのが汁椀。この使い古した椀を買取る商売もある。塗りがはげたものは塗直して売るが、そのまま古物の市に出すこともあるようだ。

■蓋物の椀を大量に手に入れた古椀買い（今様職人尽歌合）

●たるかい
樽買い

酒や醤油を入れる樽は各々の製造元から商人、消費者の間を巡り、とことん使い回される。樽買いは買い集めた樽を空樽問屋に売り、問屋は製造元などに売る。

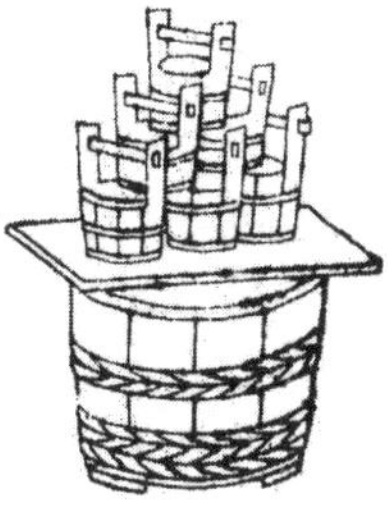

■醤油樽（商売往来絵字引）。左は火事に備えて町角に置かれた天水桶（絵本続江戸土産）

生業の豆知識

桶と樽●江戸時代の百科事典『頭書増補訓蒙図彙』によると、樽は酒を入れる器物であり、桶は麻笥《おけ》（麻糸を入れるもの）のことだとある。「江戸では普通蓋があるのが樽で、ないのを桶といい、京坂では蓋の有無ではなく形でいう。桶樽作りの職人を江戸では桶屋、京坂は樽屋という」と『守貞謾稿』はいう。

●ふるがさかい

古傘買い

古骨買いともいう。張った紙が破れたり、骨が折れて使い物にならなくなった傘を買取る。江戸では一本四文から十二文ほどで買上げるが、京坂では土人形や団扇《うちわ》などと交換する。集めた古傘は傘屋が引取り、きれいに張替えて売物にした。

■「ふる骨はございい」と繰返して町を流す古傘買い（今様職人尽歌合）

■番傘（商売往来絵字引）

生業の豆知識

番傘●江戸後期の番傘は直径三尺八寸（約一一五センチ）、柄の長さ二尺六寸、骨数およそ五十四。紙張りで荏油《えのあぶら》を引いてある。

番傘の「番」は番号の番。商家で客に貸すことが多く、屋号や通し番号を書いて、どこの傘かすぐ分かるように工夫している。

■番傘の一例。本町の伊勢屋万兵衛は「本」に伊勢屋の伊の字、店の印（山形に万）、さらに番号が書かれている（守貞謾稿）

町内を回る便利な修理屋

壊れた道具は直す。その技を売る生業はいくらでもあった

当節は道具類に不具合が出れば買換えが普通だろう。なまじっか修理を頼むと却って高くつくこともある。商品よりも手間賃が高いご時世では、モノの寿命は極めて短い。江戸時代は、鍋釜一つ取っても一生もの。磨り減って穴が開いたら塞いでもらってまた使う。漆と金粉で味わいも増そうかという茶器ならいざ知らず、日常使いの飯茶碗すら焼継いで直す。

通りに座り込んで鍋をいじる「密偵」が時代劇に出てきたりするが、風景によく馴染んでいる。そちこちにエコを担う職人がうろつくのが江戸の町。

■鍋の修理をする鋳掛師（今様職人尽歌合）

鋳掛屋《いかけや》

住まいで仕事をする職人もいれば、左図のように天秤棒で道具を担ぎ、声が掛ればその場で直す人もいる。鉄や銅でできた鍋釜の破損を繕って直すのが鋳掛屋で、欠けたところに鉄やはんだを流し込んで修理をする。

■小型の鞴《ふいご》を担ぐ鋳掛屋（守貞謾稿）

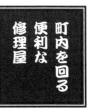

焼継屋《やきつぎや》

割れた陶磁器を元通りにする商売。焼継ぎは白玉粉やふのりで予め接着してから熱するやり方。高価な品や茶器は再び窯に入れることを嫌い、漆で繋いで金粉を塗るのだが、日用の雑器はみな焼継ぐ。

■焼継屋。前の荷は京坂で後ろが江戸（守貞謾稿）

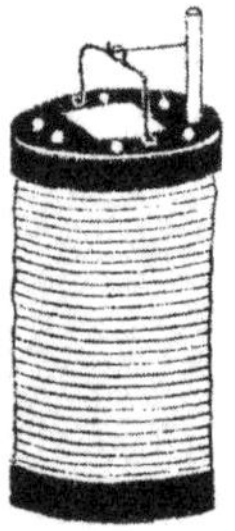

■右は小田原提灯（頭書増補訓蒙図彙）、上は弓張提灯（商売往来絵字引）

提灯張替え《ちょうちんはりかえ》

■紙の覆いをした「火袋」の新しいのを持って商いに出、その場で屋号などを書き入れる（守貞謾稿）

張替えとはいっても、骨に張った紙を取替えるのではない。上下の木枠や持ち手を残して火を灯すところ、「火袋《ひぶくろ》」を丸ごと新しいものに替える。新しくした火袋に屋号などを書き入れてその上から桐油を引く。

■算盤直し（守貞謾稿）

錠前直し

●じょうまえなおし

什器や戸に取付けた錠を直すのが錠前直し。修理道具や交換の部品を収めた箱を担いで町を行く。江戸では箱を担ぎ、京坂は天秤棒で荷物を振り分けて担ぐ。

■手前が江戸、後ろが上方の錠前直し（守貞謾稿）

算盤直し

●そろばんなおし

算盤は江戸時代の商人にとってとても大切なもの。大事に使うが、ときに枠や玉を通す竹が割れるなどした場合は、専門の算盤直しに修理を頼む。

生業の豆知識

錠と鍵●扉や引出しなどに取付けて開かなくする道具が錠、開閉するのが鍵。城門や武家の観音開きの門扉の内側に渡して締める棒、閂《かんぬき》も錠といえる。もっとも、閂は人手で開けるか丸太でぶち破るなどして、鍵は使わないが。

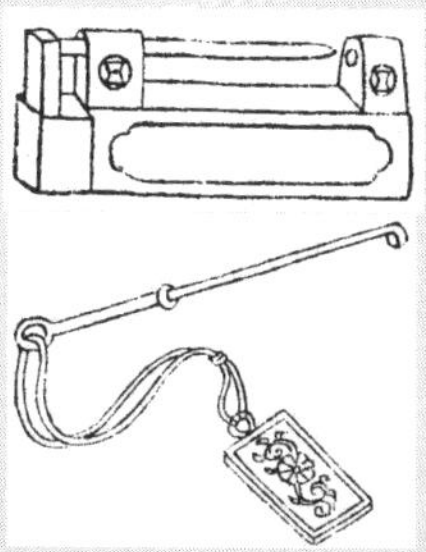

■上が錠で下が鍵（頭書増補訓蒙図彙）

●らうや

羅宇屋

羅宇とは煙管の持ち手に当たる部分の管のこと。ラオス産の黒斑竹《くろまだらだけ》を使ったところからこの名がある。使ううちに脂が詰まってしまう羅宇を新しいものに挿げ替える商売が羅宇屋。京坂では「羅宇の仕替え」という。

■後ろが江戸、手前は上方の羅宇屋。前の箱には「らうしかえ（羅宇仕替え）」の文字がある（守貞謾稿）

■煙管が似合う隠居（狂言画譜）

■吸口と雁首が羅宇で繋がる煙管の標準形（日本物産字引）

生業の豆知識

煙管●煙管は刻み煙草を呑むものだが、江戸期にはお洒落を演出する装いの小物でもあった。作りは二通り。煙草を詰める雁首《がんくび》から吸口までが一体となった「延べ」と間に細長い竹の管を挿げた「羅宇」。延べ煙管は普通真鍮製。真鍮に金鍍金《きんめっき》をするのもあれば、贅沢な人は無垢の銀で誂えもした。

昔からあるレンタルの商売

賃貸しの店から一時借りて済ますのも、暮らしの知恵

古典落語の『ねずみ』という噺に、入用のものを貸す「損料屋」が出てくる。城噺の主役、左甚五郎《ひだりじんごろう》が奥州へ旅立ち、下町仙台に着いたところで貧しげな旅籠《はたご》の小僧に乞われて投宿するのだが、まず小僧が走った先は夜具を借りる損料屋。

常備せずとも間に合うほどの寂れぶりが気になるが、実際賃貸しの店では布団も貸した。江戸期には現代まで引継がれている貸衣装や貸本はもとより、喪服専門の商売もあった。

先の貧乏旅籠は、商売の必需品はレンタルではなくリース契約にして生業に気合いを入れるべきか、と思われる。

損料屋

●そんりょうや

損料とはものを借りる時の借り賃。この使用料を取って日用品を賃貸《ちんが》しするのが損料屋で、扱う品は夜具を始め衣服や道具など多岐に亘る。本などに営業品目を絞ったところも損料屋の一種。

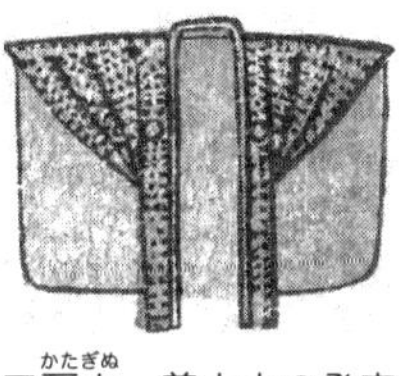

■肩衣《かたぎぬ》。義太夫の発表会があれば借りたい品。上は夜具（商売往来絵字引）

●かしほんや
貸本屋

式亭三馬の浮世風呂、浮世床などの滑稽本や十返舎一九の膝栗毛ものといった娯楽読物の類は、蔵書として買う人は少なく、貸本屋がこれらを買い集めて、見料《けんりょう》を取って貸すものが多かった。見料、つまり借り賃は新刊の二割程度の料金だったようだ。

●ほんや
本屋

江戸時代の本屋は作って売るまでが仕事で、書店を兼ねる出版社のようなもの。「本屋」と称するのは医書や仏書の類のいわば学術書を専門にしていて、新刊ばかりでなく、古本や手書きで写した写本も扱った。挿絵の多い娯楽読物を出版販売するのは「絵草紙屋《えぞうしや》」と呼ばれた。

■大風呂敷の包みを背負って得意先を回る貸本屋（北斎画譜）

■新刊書の書名が書かれた紙がたくさん軒下に下がる本屋（永代節用無尽蔵）

●いろや

素褌屋

江戸にはなく京坂だけにある賃貸しの商売で「素褌」は喪服のこと。京坂では葬送の時に親族は無紋の麻裃。色は白か水色。衣服は白絹で夏は白晒布のものを着る。女性は白絹、白麻布の衣服に白絹白綸子《りんず》帯で、素褌屋から日借りをする。

■もともと祝儀も不祝儀も、女の正装は白が基本。花嫁が白無垢《しろむく》をまとう祝言の風景は現代でも見られる（女遊学操鑑）

生業の豆知識

白無垢●葬儀の際に江戸では親族でも染服に小紋の裃《かみしも》だが、京坂では白無垢。白無垢は表裏ともに上質な絹地の羽二重《はぶたえ》で仕立てた小袖のことで、江戸、京、大坂の三都ともに僧侶や女性に禁制はないが、男子は厳禁。江戸中期の大富豪、大坂の淀屋辰五郎は下着に着て咎めを受け、闕所《けっしょ》（財産没収）になったという。

■侍は普段白無垢は御法度だが、自死でも処刑でも切腹の時は白装束（画本早引）

噂話や恋文も売る町の物売り

出商いの売物は、生活必需品とは限らない

■小幟には鼠取薬、石見銀山などの文字に添えて食べる猫の絵がある（守貞謾稿）

●ねずみとりぐすりうり

鼠捕薬売り

「いたずら者はいないかな〜」の呼声で殺鼠剤を売り歩く商売。家の中で悪さをする鼠を破落戸《ごろつき》に喩えた売声で、京坂では「猫要らず鼠取薬」。鼠取薬は別名石見銀山といい、鉱山から出る有毒の砒石で作られた。

昭和の頃には、朝は納豆、日が暮れれば夜鳴そばの売声が聞こえたものだが、それこそ四六時中町中に、移動販売の商人が溢れていたのが江戸時代。「出商人《であきんど》」から買えば三度の飯も米以外は長屋に居ながらにして手に入った。味噌売りは上方だけだったようだが、醤油も塩も漬物もそれで事足りたが、商い品目は暮らしの必需品とは限らない。

夏の風物詩、金魚売りや風鈴売り。町のニュースや天下の一大事をまことしやかな記事にして売る「読売」。なくても困らないが、あればあったでつい買いたくなるようなものも往来で売られた。わずかな元手ですぐに始められる格好な生業だったのだろう。

●けそうぶみうり
懸想文売り

毎年正月元日から十五日まで、京の町に出没した珍しい物売り。懸想文とは恋文のことだが、そう名付けて未婚の女たちの良縁を、あるいは夫婦間のことや商売繁盛などを祈って紙片を授けた。江戸の初期に流行ったという。

■編笠に覆面姿の懸想文売り。手にするのは洗い米を二三粒入れた畳紙《たとうがみ》（近世奇跡考）

●よみうり
読売

火事や心中事件などが起きた時に、一枚刷りの絵草紙《えぞうし》を素早く作って売ったのが読売で、商品も売手もそう呼ばれた。江戸時代の絵入り職業事典『人倫訓蒙図彙《じんりんきんもうずい》』には、世の中の変わった出来事、人の身の上の悪事を万人の迷惑を顧みないで小唄をつくり、浄瑠璃に節を付けて連節で唄い歩き、これを売るとある。

■絵草紙売とも呼ばれた読売。編笠で面体を隠し、二人一組で歩いた（今様職人尽歌合）

生業の豆知識

瓦版●時代劇では浅く手拭を被った売手が、これを読めば事件のことが丸分かりだと刷物を振りかざして人びとの足を止める賑やかな商売。江戸期には読売といわれたいわゆる瓦版は、何度も禁止令が出ている。

金魚売り《きんぎょうり》

「金魚や、金魚〜」の呼声とともに町内を売り歩く夏の商売が金魚売り。腹も尾も大きく鞠《まり》に形が似ているためか江戸ではまるっこ、京坂では蘭虫《らんちゅう》という種類は高いのは三、五両もすると『守貞謾稿』にある。

■金魚、緋鯉を元売りの店から仕入れて売る金魚売り（今様職人尽歌合）

団扇売り《うちわうり》

奈良時代に中国からもたらされた団扇は色々な種類があるが、団扇売りの品揃えは納涼のための絵団扇。色鮮やかに描かれた役者絵などの絵柄が良く見えるような拵《こしらえ》で売り歩く。図のように団扇の骨の間に竹を二本差して飾ったり、太めの竹を所々切って花生けのようにして団扇を差す売り方もあった。

■竹骨に絵入りの紙を張った団扇を売る商人は初夏の風物詩（今様職人尽歌合）

江戸時代にもあった「百均」

庶民の通貨、銭は一枚一文。四文に通用する銭が江戸の中期に登場したせいかモノの値段も四の倍数が多い。一枚で買える駄菓子、四文菓子はお子様用。大人は屋台の四文屋で串に刺した惣菜をつまんだ。雑貨類や玩具、小間物などは十九文から三十八文まで、払った後におつりが来る半端な料金の均一店が大流行！

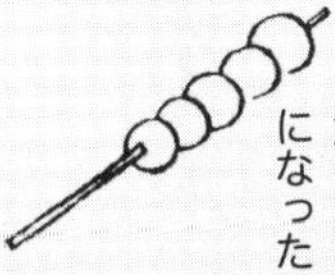

■五個で五文が普通だった串団子は一個減らして四文が主流になった（新造図彙）

■寛永通宝の四文銭。裏に波の模様があり、波銭と呼ばれた（寛永通宝見本帖）

四文屋《しもんや》

四文相当の銭一枚で煮物などを売った屋台店が四文屋。四文の価値を現代に置換えるのは難しいが、波銭ができた十八世紀半ばの米の小売値は一升百文（一合十文）程度。駄菓子や串団子はずばり四文で買えた。

三十八文店《さんじゅうはちもんみせ》

『浮世風呂』でお馴染みの式亭三馬の書いたものに、文化年中（一八〇四〜一七）に安売りに人気が集まり、同六年に三十八文均一の店が出現したとある。小間物類、櫛簪《くしかんざし》などの品々を莚《むしろ》に並べて四辻、橋詰などで売ったが、八年に至っては十九文、十八文、十三文、十二文など、大安売の商人が続々と現れたという。

印判は商いの大切な道具

印判は真実の証し。偽れば磔獄門もありうる

相手先との取引の証文や日々の送金、受取など、商人にとって書付に使う印形《いんぎょう》は、文書に責任を負う役割を持つ、商売に欠かせない大事なものだった。絵師や書家が書画に添える雅号《がごう》印、落款《らっかん》印も作品の価値を担保する重要なもの。そうした作品には主に朱肉が使われたが、商売用は黒肉。武家が書状の末尾に書く花押《かおう》も、江戸期には判で代用されることもあった。

何にせよ、真贋の拠り所となる印や文書の偽造、改竄は重罪。花魁《おいらん》が偽りの愛を綴った起請文《きしょうもん》はその限りではないが。

●いんばんし 印判師

印判を彫るのが仕事。『人倫訓蒙図彙』には水牛で作り、絵墨跡の印は石をもってこれを彫るとある。他に印材としては、現代同様柘植《つげ》が好まれた。

■印判師（人倫訓蒙図彙）

■一角獣らしき動物の鈕《ちゅう》（つまみ）が付いた印と印影（頭書増補訓蒙図彙）

■風呂敷で荷を包み、背負って歩いた印肉の仕替え（守貞謾稿）

■家や地所の売買、金銀借用その他に必要な証文（商売往来絵字引）

印肉の仕替え《いんにくのしかえ》

判を押すのに使う印肉の中身を替えて歩く。昨今は印肉といえば朱肉だが、江戸時代は黒肉が普通。庶民には朱肉が禁じられていた。

花押《かおう》

文書の末尾に手書きで入れる署名書判《かきはん》のこと。古くは楷書で書いたが次第に草書へ変わり、ほとんど図案化したのが「花押」。真似は為難《しにく》いはずだが、かつて押印代わりに花押を書いた遺言書に無効の判決が最高裁から出ている。

生業の豆知識

印判の偽造●文書や印の偽造をすると「謀書謀判」の罪に問われた。幕府の定めた「公事方御定書」によれば、謀書または謀判いたし候もの、引廻の上獄門とある。主犯はこれ以上ない極刑だが、共犯も死罪は免れない。証拠品を改竄した某地検特捜部など、二百年前なら首はない。

■五性書判と名付けた花押のパロディー（小野馬鹿村譃字尽）

金銀銭と三種類ある江戸の通貨

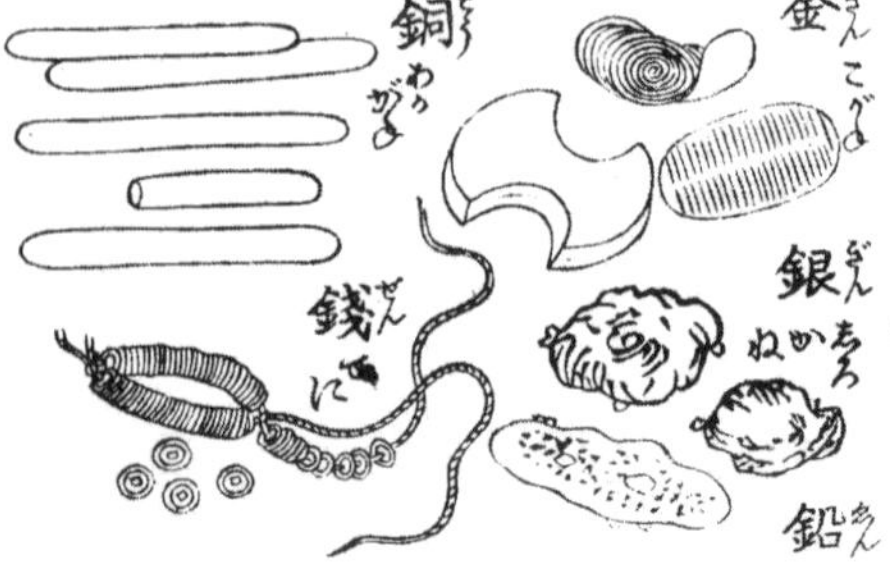

■江戸時代に貨幣を鋳造した金、銀、銅。銭には鉄も使われた（頭書増補訓蒙図彙）

■緡《さし》という藁で編んだ紐に通した銭。百文差から一貫文（1000文）差など色々ある（昭和古銭価格図譜）

◆上方は銀、江戸は金建てで決済

江戸時代の通貨には、金銀銭とまったく別系統の三種類の通貨があった。銭は庶民にとって暮らしに欠かせない貨幣だが、金貨は主に武士階級、銀貨は商人のもの。

そこで、江戸は金貨が中心に、大坂では銀貨が使われた。三貨はドル円ユーロに相当するくらい別物で、各々の扱いは現代人にとって分かりにくい。銭は一文が基準の十進法だが、金貨は四進法。銀は重さがそのまま価値になる。おまけに両替をするには、交換率はその日の相場次第となる。

ただ、手にする「お宝」の種類は身分相応。小銭で間に合う長屋暮らしに小判の運用はまずないので、混乱はないと思われる。

生業の豆知識

大判小判●金貨の基本は一両相当の小判。これを二十五両、五十両とまとめて紙で包み、封印をして使った。小さな商いには小判の補助通貨の役をする金貨も流通。四枚で一両にあたる一分金、さらに四枚で一分の一朱金や二朱金などがある。

■金貨の代表は小判。大判は拾両と墨書されるが、実質価値は七八両で、主に贈答用（商売往来絵字引）

■額面通りの価値を持たせた二朱銀。江戸後期に登場した通貨で、八枚で一両に通用（守貞謾稿）

銭●日々の支払いに庶民が使ったのは銭。一枚一文、または四文通用の寛永通宝。小判はまず縁がなく、せいぜい極小の小粒（豆板銀）か。瓶などに貯める時は紐（緡《さし》）に通して束にした。

銀貨●銀貨は楕円形の丁銀《ちょうぎん》と豆形をした豆板銀《まめいたぎん》が通用。金貨や銭と異なり定額がなく、使用の際に天秤で量って価値を決めた秤量貨幣《ひょうりょうかへい》で、江戸中期には金一両が銀六十匁《もんめ》とされた。匁は重さの単位だが、そのまま通貨の単位となっていた。

■小粒と呼ばれた豆板銀。重さは20g内外（昭和古銭価格図譜）

小判一枚を銭に替えるような小口の両替を担うのは銭屋《ぜにや》とも呼ばれた銭両替。それに対して主に金銀を扱う他、為替や貸付などもする大店が両替商だが、なかでもとりわけ規模の大きい三井越後屋、住友和泉屋などの四家は「本両替」という。メガバンクに都銀、町角の両替屋といったところか。

●りょうがえ
両替

■一枚四十三匁が目安の丁銀。小判一枚の客なら適当な小粒銀を足して一両に相当する六十匁にする（昭和古銭価格図譜）

■天秤で丁銀の重さを量る両替商（絵本士農工商）

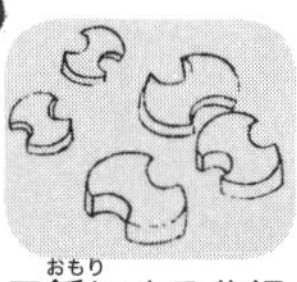

■錘《おもり》にする分銅（頭書増補訓蒙図彙）

生業の豆知識

■仙台藩の藩札（右）と維新政府の紙幣（江戸あきない図譜）

紙幣●金銀銭と違って元手が掛からない紙幣もあった。それは各藩内だけで通用する藩札《はんさつ》。

また、幕府も幕末には慶應三年（一八六七）に江戸横浜だけで通用する紙幣を三井家の保証で発行している。こうした藩札などは基本的には兌換《だかん》紙幣とみなされたが、実態はその限りではない。

●一両の価値《いちりょうのかち》

金一両がいくらに相当するか、円換算は難しい。買えるもので推量すると、比較的物価が安定している江戸後期の文政年間（一八一八〜三〇）の米相場は、白米一石が銀六十〜七十匁（約金一両）。一石は百升。一日一升なら三月分の米が賄えるが、小売値はほぼ倍。それでも月に一両あれば米櫃は安泰だろう。

また、家賃でいえば四畳半一間に台所が付く九尺二間《くしゃくにけん》（三坪）なら一年住める。

■米の小売値は概ね100文から120文程度。図の札には肥後上白百廿四文、中国米百拾六文とある（守貞謾稿）

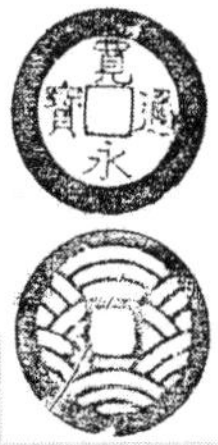

■四文通用で使い勝手が良かった寛永通宝の波銭（寛永通宝見本帖）

生業の豆知識

銭の相場●江戸幕府の開府間もない時期にお上の定めた通貨の交換率は、金一両が銀五十匁、銭四貫文（四千文）。中期の公定相場は銀が六十匁、銭は五貫文となる。銭の価値は次第に下落していき、幕末には一両が十貫文までになった。

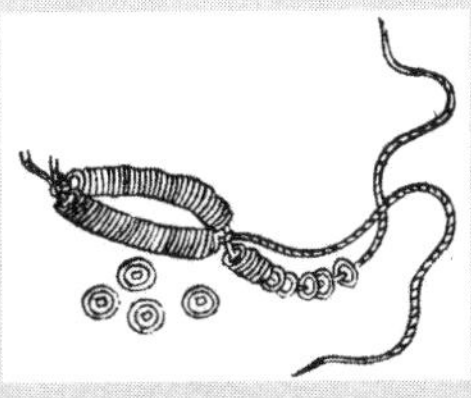

■穴の開いた銭は100枚単位で紐に通して使うのが普通（頭書増補訓蒙図彙）

江戸時代の職人商人の給金事情

大工左官は高給取り、商家の小僧は無給期間が長い

一人前の大工ともなれば、職人の中でも一番の高給取り。『守貞謾稿』には大坂は日に銀四匁三分、施主から三食出す時は一匁二分を引いて三匁一分とある。江戸では賃金に決まりはないが平日で五匁、銀は六十匁で一両。月に二十日で二両稼げる。

●大工《だいく》

■火事の後、人手不足になると給金が倍になったという大工（萬代大雑書古今大成）

将軍に仕える旗本、御家人であろうが大名家の家臣であろうが、侍階級は家督を継げば役職に付かなくとも年俸は保証されたが、庶民はそうはいかない。職人になるなら親方に付いて腕を磨き、商人なら商家に入って仕事を覚える。一人前の職人、あるいは手代《てだい》、番頭になれば食べてはいけるが、そうなるまでの「研修期間」が異様に長い。数年から十年こつこつ励んで手にする給金は職種にもよるが、普請に関わる職人たちが最も高給取りだった。職人は基本日給、商家では年いくらという払い方で、「月給取り」はほぼいない。天候具合で実働日数が左右される大工に月給は馴染まないが、月極の雇用形態はある。

●ひょうとり

日傭取

一定期間修業を積んで一人前になる左官や屋根葺き、建具師などは大工同様に給金は高額。日傭取は日払いという点では同じだが、賃金は半分程度で普請現場での材木運びや壁の土捏《つちこ》ねといった特別な技能が要らない仕事に従事する。

■日雇の銭も積もれば、つけの払いはなんとかなるさ（家内安全集）

■未舗装でどこも埃っぽい江戸の町。店の前に朝晩水を撒くのも丁稚の仕事（家内安全集）

生業の豆知識

商家の丁稚《でっち》●京坂は丁稚、江戸では小僧と呼ばれる商家に勤める少年は、雑用をこなしながら仕事を覚えていく。手代になるまでの約十年間は決まった給金はなく、夏に麻の服、冬に木綿の服を一枚与えられるだけ。年に二日、盆と正月に休みが取れ、わずかばかりの小遣いがもらえる。

江戸時代の税金事情

辛いのは農民、長屋の住人は無税！

江戸期の筆頭納税者は年貢を納める農民で、住む土地の領主に対して、米麦などの収穫の半分程度を毎年納める。士農工商のうちの「士」の徴収に「農」が従う仕組。商工はお上に納める所得税にあたるような税はないが、運上金、冥加金と呼ばれる営業税のようなものを上納。ただし、商工とはいっても振売りの魚屋や職人たちには納税の義務はない。長屋住まいなら町の運営費も水道代もなく、当時家屋の所有者ではなく管理担当者だった大家も同様で、費用は地主が負担するシステムだった。汗水垂らして稼いだお金は額の多少に拘らず、懐にできたといえる。

●町入用《ちょういりよう》

町の行政を担う町名主、地主が負担する町の運営費のことで、住民税のようなもの。自身番や木戸番屋の維持を始め、火消の費用から祭の開催に至るまで、およそ町人の暮らしに関わるすべてを賄った。

■収穫の半分を徴収する「五公五民」や「四公六民」など、年貢率は藩によってまちまちだった(画本早引)

●うんじょうきん
運上金

商工業、運送業などを営む者に課せられた、一定の税率で収める営業税。酒、塩、紙漉《かみすき》、市場と広範囲に亘る。売値の三分の一を課した酒運上は元禄十一（一六九八）年から始まり宝永六年に廃止され幕末に復活。

■四斗樽の酒。幕末には一樽につき銀六匁を課税（商売往来絵字引）

●みょうがきん
冥加金

幕府や藩からの営業許可に対する免許料にあたるのが冥加金。本来は許可の御礼に献金するといった意味合いがあったが、率を定めて毎年賦課されるようになり、実態は営業税といえる。

■大岡越前守が南町奉行在任中に質屋組合が定められ、二千七百余軒の質屋が営業権を得たが、冥加金は一戸につき銀二匁五分。左は当時の質屋看板（守貞謾稿）

生業の豆知識

鑑札●今も質屋や古物商を営むには管轄の警察署に申請が必要だが、その許可証は江戸時代には鑑札という木の札。酒造にも出版にも髪結床にも必要で、大工も京坂では京都の大工頭から鑑札を受け、毎年槌代《つちだい》と称するお金（銀）を納めた。もっとも、江戸では大工に鑑札も槌代も要らないが。

■髪結《かみゆい》には髪結札と呼ばれる鑑札が要った（串戯二日酔）

第四章・暮らし◆江戸時代の衣食住

町場の暮らしはどんぐりの背比べ

商いを通して江戸人の生き方に触れた前章に続いて、この章では日々の生活に深く関わる衣食住を中心に紹介していく。とはいっても、武家と庶民では暮らし向きに隔たりがあるし、庶民でも農村部と町場では衣食住すべてにおいて細部は異なる。そこで、概論の後には極普通の江戸っ子を例に住まいの有様、衣服の基本、普段の食事ぶりを紹介する。

日に三度の飯が当り前になり、鮨天麩羅といった今や世界に冠たるニッポンの食が広まったのは江戸時代。キモノも然り。住居に関しては、武家農家商家は省き、江戸御府内の長屋住まいを中心に見ていく。その他生きる上で重要な医療や冠婚葬祭について、現状とは異なるいささか不自由な事柄も章の終わりに述べた。

身分が違えば居住区がはっきり分かれる当時は、周りを見渡せばどんぐりの背比べ。白い飯とお天道様がついていれば不足はない、のかもしれない。

■江戸人の日々の営みが窺える武家の膳、庶民の膳に衣服の手入れの様子（諸職人物画譜）

大家が活躍 町内の安全と自治

■大きく開かれた町木戸の間を祭行列が練歩く、神田明神の祭礼図（江戸名所図会）

単なる不動産オーナーではない、江戸の大家

町内の防犯も消防も町奉行を頂点に役人が携わるのが本来のあり方だが、民営化が徹底されていたのが江戸の町。南北両奉行所を合せてもわずか三百人足らずの役人で御府内を賄えるはずはなく、官の仕事を町ぐるみで肩代わりして引受けていた。防犯の要、町木戸や自身番は人件費その他すべてを町の費用（町入用）でやりくりし、町奉行から来る御触れの伝達は連係プレーで行った。

役所からの通達は、まず区長のような存在の町年寄《まちどしより》へもたらされ、その下の町名主を経て、大家に来たものを受持ちの長屋や商店に下達する仕組になっていた。大家は戸籍の管理を始め、お役所仕事も多かった。

●まちきど
町木戸

江戸の町々には境に防犯用の木戸が設けられていた。これが両開きの町木戸。番人が常駐し、夜明けの明け六つに木戸を開け、夜四つ（午後十時頃）に閉めるのが決まり。夜間の緊急通り抜けには脇の潜り戸から通すが、その出入りは隣町の木戸番へ拍子木で伝えた。

■番太郎が詰める木戸番。小屋の広さは九尺二間（約三坪）あり、妻子共々暮らしている（守貞謾稿）

暮らしの豆知識

番太郎●町木戸の番人の詰所が木戸番。番人も木戸番というが、通称は番太郎。併設の小屋に住み込んで町内の雑事を引き受ける。夜回りはもちろん、お上からの通達や水道工事に伴う断水のことなど、諸々を町内に知らせるのも仕事。給金は町から出たが、小商いの副業に勤《いそ》しんだという。

■冬は焼芋、夏は金魚売りで稼ぐ番太郎。一つ四文の駄菓子や鼻紙、草鞋などの雑貨は通年販売（商売往来絵字引）

自身番《じしんばん》

町々に設けた交番のようなもので武家地は辻番、町場は自身番といい、町内の家主が交代で詰めている。町方の同心が見回り中に立寄り、変わったことが起きていないかを訊ね、怪しい人物の事情聴取をする場所でもある。

■町の費用で運営された自身番。町奉行所の出先機関といえるが、家主が持回りで役を勤め、他に自身番書役とも自身番親方とも呼ばれた書役（事務職）が常駐（守貞謾稿）

町役《ちょうやく》

町役人、略して町役。身分は町人でありながら、市街地の自治を担った町奉行支配下の役人で、江戸での指揮系統は町奉行、町年寄、町名主、家主の順。町役の補佐をするのが書役。ちなみに大坂でいう町年寄は江戸の町名主にあたり、町年寄に相当する役職は惣年寄といった。

■町内の世話役でもあった町役。お上の御用で役所へ出仕の際は紋付が欠かせない(戯場粋言幕の外)

■懐具合はまずまずの大家。地主から出る給金に加えて、公務がらみの日当や礼金などの臨時収入がばかにならない（狂言画譜）

●おおやとやぬし
大家と家主

落語でお馴染みの大家さんは家主とも家守《やもり》とも呼ばれたが、長屋の所有者ではなく、地主から管理運営を任されて家を守るのが仕事。本務は家賃の徴収や建物の修繕などだが、町奉行から来る御触れの伝達、人別（戸籍）の管理、公事（裁判）の付添いといった「公務」もあった。

■扉の上の方に隙間がある江戸の雪隠《せっちん》（神事行燈）

■手水場《ちょうずば》とも雪隠ともいう厠。左が江戸、右は京坂の長屋のもので、一、二カ所設けて共同で使う（守貞謾稿）

暮らしの豆知識

肥代《こえだい》●厠《かわや》に溜めた屎尿を農家に売る代金が肥代。大家（家主）の収入に関する一例が『守貞謾稿』に載っていて、基本の年給が二十両、余得十両、糞代が十両でざっと四十両の年収だとある。大家の雑収入はすごい！

住人の職種は様々 江戸の長屋

●むねわりながや
棟割長屋

横木の下を壁で仕切り、さらに細かく部屋を分けたのが棟割長屋（左は平面図）。入口の腰高《こしだか》障子を開けると土間の向うに一部屋あるが、三面を壁に囲まれ裏口はなく、通り抜けはできない。

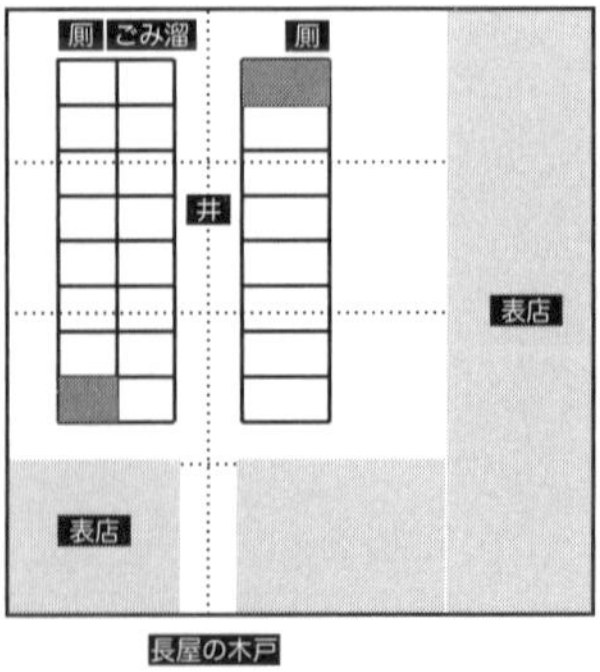

■裏長屋。表の木戸から路地が続く。敷地内には井戸や厠、ごみ溜があって長屋の皆で共用。左側が九尺二間の棟割長屋。右はやや広く、奥行は三間。

格差もへったくれもない、長閑な長屋暮らし

表通りや横町に面して二軒長屋、三軒長屋などもあるが、路地を入ったところの裏長屋は一棟に十戸以上の造りは当り前で、一戸当りの専有面積は狭い。台所を兼ねた土間と四畳半か六畳一間。風呂はなく、井戸、厠は共同。同じ間取りの家に住む店子の暮らし向きは似たり寄ったり。素性の不確かな人物の入居は大家の審査ではじかれ、大きな事件は起きなかったようだ。ちなみに、武家の長屋は住人の身分によってピンキリ。現存する旧越後新発田藩《しばたはん》の足軽《あしがる》長屋は、キリながら間口奥行とも三間（九坪）で六畳二間に土間、板の間が付いている八軒長屋。

■家具らしい家具は置けそうにないが、狭いながらも楽しい長屋暮らし（東海道中膝栗毛）

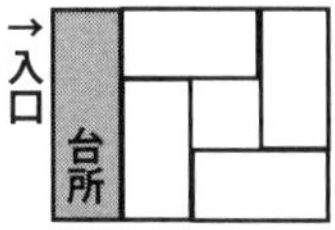

■裏長屋の標準的な間取り。入口の引戸を開けると土間、奥が居室になっている。

暮らしの豆知識

月番《つきばん》●毎月交代で役を務めるのが月番。江戸時代にはどんな組織でもよくあるやりかたで、例えば南北の町奉行所では月番が捜査活動や訴訟案件の受理などをした。長屋の月番は大家との連絡係を務めたり、溝浚《どぶさら》いやごみ溜の掃除、祝儀不祝儀の銭の徴収などなど、なかなかに忙しい役回りだったようだ。

●たなちん
店賃

店子《たなこ》（借り手）が払う借り賃が店賃。落語には三月《みつき》も四月《よつき》も溜める強者《つわもの》が登場するが、普通に働いて支払いに難儀するほどの額なのか。場所にもよるが、四畳半一間に台所が付く九尺二間（三坪）の裏長屋が五百文程。

■店賃の滞納は即立退きに繋がる。店賃の工面は最重要課題だ（萬代大雑書古今大成）

●たなだて
店立て

家主が住人を貸家から追出すのが店立て。借りる時に連帯保証人の署名が入った店請証文《たなうけしょうもん》を出すのだが、たいがい「貸し手が必要とあらば明け渡す」とあるので店子の立場は実に弱い。家賃の滞納なら是非もない。

■横町といえばご隠居。家督を若旦那に譲って横町の隠居所で悠々自適の暮らしをするお店の主（家内安全集）

暮らしの豆知識

横町●表通りから脇へ入った町筋が横町。大通りで囲まれた一画に新たに造成されたもので、狭いとはいえ前の道は堂々の公道。横町の長屋は二階建てもあり、間取りもゆったりしていたようで、住人は裏店に比べて暮らしに余裕がある人たちだった。

■お店のために商売に励むのは「お店者《たなもの》」。番頭以下手代、小僧（丁稚）まで、奉公人をいう（家内安全集）

●たなとみせ

店と見世

店といえば借家、貸家。店子、店賃、店借り、店立て、空き店など。空き店は空家のことで、管理を任された大家が借り手を吟味する。商家も店だが、出入りの職人や奉公人にとっては「お店」。「みせ」は仲見世のように「見世」もある。商品を目立つように並べる見世棚の略。

暮らしの豆知識

戸締り●蔵は戸前に付けた錠前に鍵を掛けるのが普通。一方長屋の戸締りは簡単で、一メートルほどの心張棒《しんばりぼう》を斜めに支うだけ。この一手間を惜しんで泥棒に入られると、犯人の処罰に影響が出る。戸締りを破るのは賊で死罪もあるが、戸を開けての侵入は空巣と見做され、百敲《ひゃくたた》き、入墨の上釈放。

■商家では心張棒の他に、戸の内側に仕掛をする枢戸《くぐるど》もある。戸の上下の桟に穴をあけ、木片を差込む簡便な戸締り（質屋すずめ）

■神田川に架かる上水を通すための水道橋。内部に設えた樋を流れる水は、水源の井の頭から江戸まで来る。切絵図には「上水樋」とあり、平行して人間用の「水道橋」が描かれている（永代節用無尽蔵）

●すいどう
水道

海が変じて陸になった江戸は井戸水に塩分があり、市民は遠くまで良質の水を汲みに行かなければならなかった。そのために整備されたのが上水。綺麗な川や湧水から運河を開いて江戸市街に水を引き、御府内に入ってからは樋《とい》で各町に水を流している。「こちとら、水道の水で産湯を使ったお兄いさんだ」という江戸っ子の啖呵《たんか》は、神田上水や玉川上水を指している。

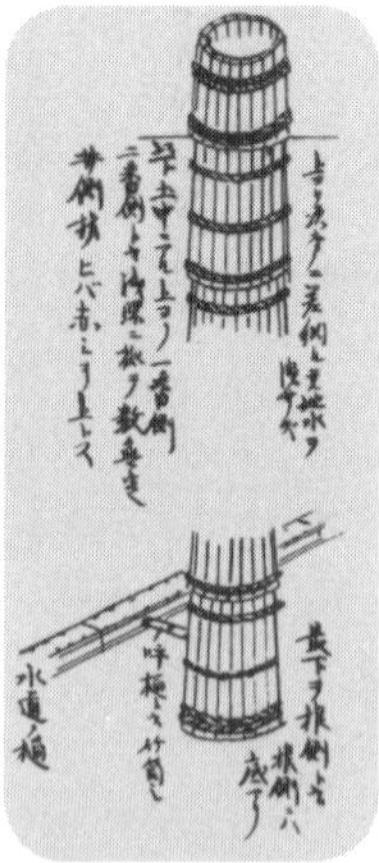

■江戸の水道井戸。図の下は地下を通る水道の樋から竹筒で井戸に水を引く様子（守貞謾稿）

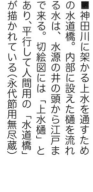

●いど
井戸

どんな長屋にも共同で使う井戸が必ずあり、おかみさん連中は洗濯をし、大根を洗い、井戸端会議に勤しんだ。井桁に組んだ井戸もあれば、右頁の図のように丸いのもあったが、江戸の水は基本水道水。時代が下ると工賃が下がったお蔭で掘抜《ほりぬき》井戸も普及。

■長屋の共同井戸（萬代大雑書古今大成）

■自前の風呂は江戸では御法度（諸職人物画譜）

■江戸の銭湯。浴槽は洗い場の奥にあり、石榴口《ざくろぐち》という狭い入口から入る（浮世風呂）

●ふろ
風呂

油断をすれば出火しかねない風呂焚き。火事が絶えない江戸では裏長屋はもちろん、それなりの商家でも内風呂はないのが普通で、皆町内の湯屋へ行った。たいがいどの町にも一軒はあり、湯銭は大人八文、子供は四文。二階は殿方専用の娯楽室で、茶を飲みながら囲碁将棋が楽しめた。

白飯上等
屋台飯は
選取見取

◆白飯一択から屋台飯へ、一気に花咲く江戸のグルメ

主食 ●しゅしょく

田舎ではたいがいは麦を混ぜるが、京坂江戸の三都とも粳米《うるちまい》だけを釜で炊き、他穀を混ぜないと『守貞謾稿』にある。粳米だけの釜炊き飯を俗に米の飯とか白飯というと続く。特に江戸では白米に頼りがちなせいで脚気《かっけ》を招く「江戸煩い《えどわずらい》」が流行した。

■主食になる穀物、五穀。米、麦、粟、豆、稗《ひえ》か黍《きび》をいう（萬代大雑書古今大成）

日に二食から三食へ、今のような食習慣になったのは江戸時代。祝事でもあれば三菜、五菜と膳は賑やかになるが、普段の食事は味噌汁に漬物を添えた一膳飯、一汁一菜が基本。日に三合、年間一石《いっこく》の米を食べたというからカロリー的にはまずまずだろう。時代が下ると飲食の店や屋台が登場。小腹が空けば串揚げ天麩羅を二三本、あるいは蕎麦を手繰るのもいい。江戸の後期には握り鮨を食べさせる屋台に人気が出る。和食の代表選手が出揃ったのが江戸時代。

■新米の俵を積む米屋（宝船桂帆柱）

●こめや

米屋

米問屋が扱うのは玄米。白米を買うには搗米屋《つきごめや》を兼ねる小売りの米屋へ行く。たいがいの食材は町を売り歩く振売《ふりう》りから買えるが、米だけは店売り。米屋に看板はなく、桶に白米を盛って産地や品質、値段などを書いた札を添える（87頁図参照）。

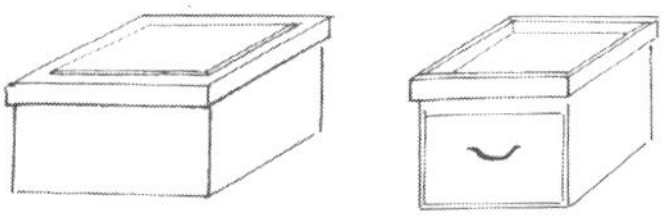

■江戸では折助膳《おりすけぜん》といった箱膳。蓋を裏返して器類を載せて使う。右は引出し付き箱膳（守貞謾稿）

暮らしの豆知識

膳●庶民の食事は家庭でも商家でも、銘々が箱膳の上に飯碗、汁椀、香の物の皿一枚が普通。使った食器は布で拭って箱の中に収め、蓋を閉めておく。卓袱台《ちゃぶだい》は江戸時代にもあったが、卓上に皿小鉢を並べての一家団欒はなかった。

■膳は祝膳とも呼ばれる蝶《ちょう》足膳《あしぜん》。京坂では日常使いはしないが、江戸っ子の朝食は蝶足膳（狂言画譜）

●ぼてふり
棒手振り

漬物の他に何か気の利いたおかずが欲しければ、棒手振りに一声掛ける。天秤棒《てんびんぼう》の前後に荷を振り分けて、担いで売るのが棒手振り。上方では振売りの総称、江戸では特に魚売りをいい、魚河岸で買付けた魚の荷を担いで小走りに売り歩く。

■鰹をさばく棒手振り。河岸から得意先の料理屋などへ売りに行くが、長屋のおかみさんにとっても貴重な存在だった（狂言画譜）

暮らしの豆知識

菜屋●菜は飯のおかずのことで、江戸では惣菜、京坂では番菜《ばんざい》という。生鮑《あわび》、鯣《するめ》、刻み鯣《するめ》、焼豆腐、蒟蒻《こんにゃく》、慈姑《くわい》、蓮根、牛蒡《ごぼう》などを醤油の煮染《にし》めにして大きな鉢に盛り、棚に並べて売るのが菜屋。一汁一菜といえば味噌汁に香の物が定番だが、漬物も立派に菜の一品だった。

■野菜を商う京坂の棒手振り。笊《ざる》に入れて担ぐので笊振りともいう（守貞謾稿）

●ももんじや

ももんじ屋

ももんじとは猪や鹿などの獣肉のことで、獣店《けものだな》ともいった。動物の肉は御仏の教えに背くとして大昔から口にする物ではなかったが薬食《くすりぐ》いと称してこっそり食べていた。江戸時代の初めには麹町にただ一軒あるのみ。次第に店は増え、横浜開港後は町なかで堂々と獣肉を売るようになったという。

■ももんじの筆頭、猪。酒を般若湯《はんにゃとう》といって誤魔化すように、店の看板や行灯には三都とも「山鯨」と書いたという（商売往来絵字引）

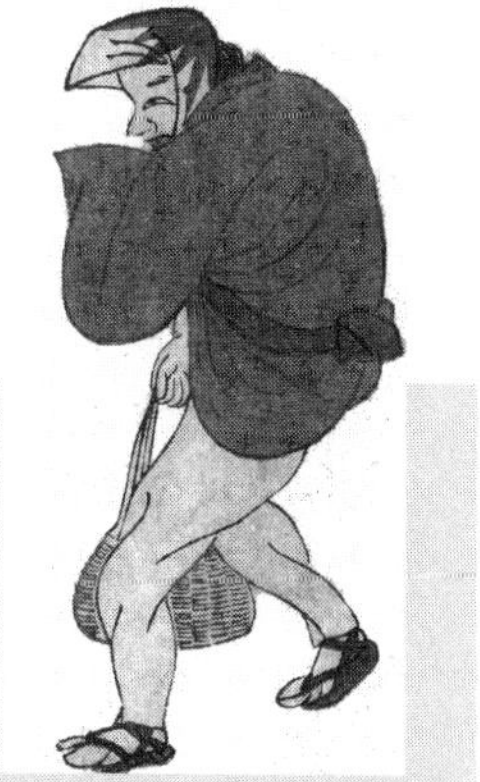

■鶏や家鴨の玉子を売る玉子売り（今様職人尽歌合）

■体調が優れないときに玉子酒や玉子粥にして薬食いをする鶏卵（商売往来絵字引）

暮らしの豆知識

玉子●鳥や玉子は獣肉に比べれば食べても罰が当たらないと思われていたようで、江戸期の料理本には調理法が溢れている。玉子は料理にも菓子にも使うが、庶民には高嶺の花。十六文の蕎麦より高く、ゆで卵一つ二十文。労咳《ろうがい》（結核）を患うと滋養に良いと正真正銘の薬食いをした。

町は屋台で大賑わい

和食の御三家、蕎麦、天麩羅、鮨が出揃ったのは江戸時代。夜なべ仕事で小腹がすけば、通りすがりの屋台蕎麦でもいいし、通りへ出れば鮨や天麩羅の屋台店が出ている。料理屋や鰻屋は手が出なくても、こうした屋台は庶民の味方。

●鮨《すし》

江戸前の握り鮨は比較的歴史が浅く、文政期（一八一八～三〇）に初登場して屋台店が一世風靡。当時は小振りな握り飯の体で、二つ三つつまめば大満足。

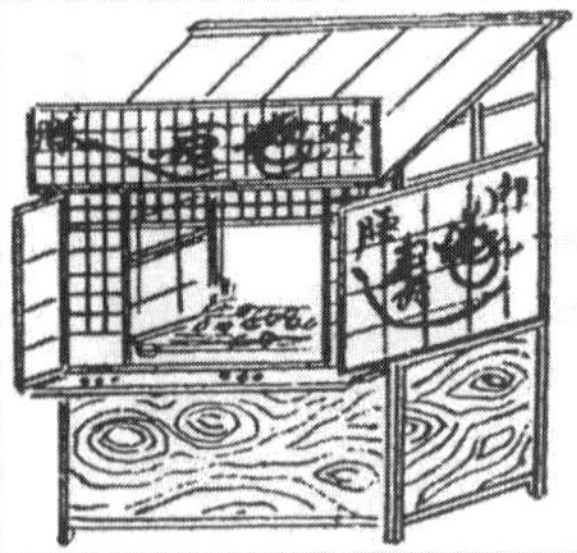

■蕎麦と違って据置型の鮨の屋台店。道端専門の商いはもちろん、店舗の前に屋台店を置く鮨屋も多かった（守貞謾稿）

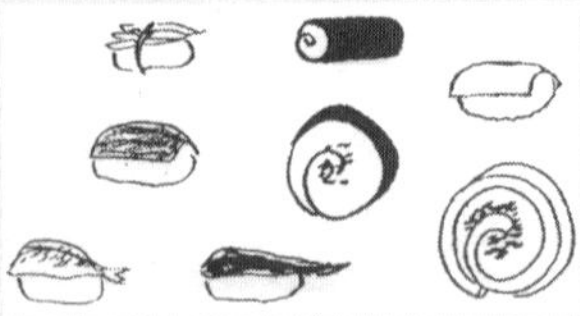

■白魚、穴子、小鰭、鮪の刺身など、どれも8文。右下の玉子巻は16文（守貞謾稿）

■鮪。鯛を重んじる京坂では鮪は下品（下等）とされたが、江戸では赤身を鮨種にした（商売往来絵字引）

●てんぷら
天麩羅

天麩羅の屋台店は夜、人の多く出る場所だと一町内に三、四軒は店を開け、串揚げを売った。種は江戸前の穴子、芝海老、小鰭《こはだ》など。店内で食べさせる天麩羅屋は屋台店の流行のあと広まり、さらに座敷天麩羅とランクアップ。

■揚げたての串揚げを売る天麩羅屋台（近世職人尽絵詞）

●そば
蕎麦

蕎麦の歴史は古く、寛文四（一六六四）年に始まり値段は十六文。幕末の慶応年間に二十四文に値上げするまで二百年据置というから驚く。屋台は夜鷹蕎麦とも夜鳴蕎麦ともいうが、うどんも売った。

■担いで移動しながら売る夜鷹蕎麦の屋台（今様職人尽歌合）

●ちゃ 茶

それなりの茶葉を急須で煎じるお茶は、煎茶道が広まった江戸中期頃から。それ以前も以後も庶民は番茶をやかんで煮出すのが普通で、客が来ても白湯《さゆ》でもてなすこともあった。

■旅人に煮出した茶を振舞う街道筋の茶店（北斎道中画譜）

■甘酒屋。神田明神前には江戸時代から老舗があり、麹は当時同様に地下の土室で作っている（宝船桂帆柱）

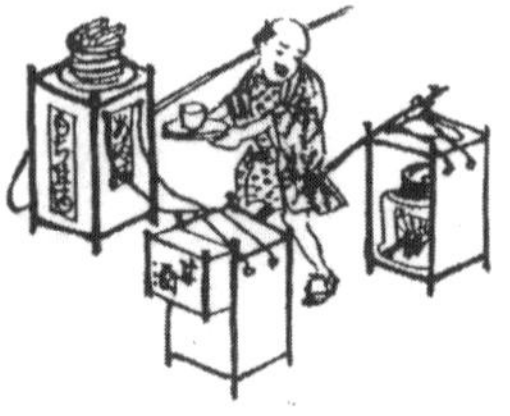

■甘酒売り。茶碗や盆を入れた箱と甘酒の釜を据えた箱を天秤棒で担いで売り歩く（守貞謾稿）

●あまざけ 甘酒

一夜酒ともいう甘酒は、炊いた米に麹を混ぜて一晩寝かせば出来上がる。発酵前の甘い飲み物で、雛祭りの白酒とは違って、本物の酒ではない。江戸は通年、京坂では夏の夜だけ売り歩く。

居酒屋

●いざかや

酒屋が店先で升酒を飲ませるのは立ち飲み。椅子は醤油樽の代用ながら腰掛けて酒肴を楽しむのが居酒屋。煮染めや煮豆を皿盛りにして売る煮売屋には酒を出すところもあるが、居酒屋は酒が主体。

■煮物を肴に酒を飲ませる煮売屋の宴（質屋すずめ）

■おやじが手にするのは錫《すず》製の燗徳利《かんどくり》、ちろり（宝船桂帆柱）

■四斗樽に詰めて江戸へ送られる下り酒。剣菱は古今第一とされた銘酒（絵本庭訓往来）

暮らしの豆知識

下り酒●上方から江戸へもたらされる品々は下りものといって江戸っ子には皆喜ばれた。伊丹、池田、灘から十日ほどかけて廻船で運ぶ「下り酒」は、この間に樽の香が移って格別の味になる。関八州で造られた地廻酒とは格が違い、十倍近く出回り、量でも圧倒。

江戸時代の重さと嵩の単位

器の大きい人を度量が広いという。度量は度量衡《どりょうこう》からきている言葉で、度は長さや距離、量は嵩《かさ》（体積）、衡は重さのこと。江戸時代には重要だった重さの単位、匁《もんめ》や貫《かん》は戦後メートル法に切り替って姿を消したが、石《こく》はともかく升《しょう》や合《ごう》は現役だ。

匁 ●もんめ

重さの基本単位が匁で、千匁が一貫。屑屋の買取りなど、日用品の売買には目方でやり取りしたが、粒状の米などは重さではなく容量。匁は通貨の単位でもあり、銀の重さはそのまま銀貨の価値になった。

■量って使う銀貨の豆板銀。5匁前後（約20グラム）あり、小粒ともいう（昭和古銭価格図譜）

■左は貧乏徳利とも呼ばれた通い徳利。少量の酒を買いに行く時に使った（商売往来絵字引）

石 ●こく

武家の知行高《ちぎょうだか》を表す「石」は体積の単位。穀物や酒に使い、小さい方から勺《しゃく》→合→升→斗《と》→石。一升酒は蟒蛇《うわばみ》、五勺なら慎ましい。石高は玄米で一石が千合相当。加賀百万石前田家の年貢米は想像を絶する。

■千石船というように船の積載量も石で表す。酒を運ぶ樽廻船は千石積みが主流（商売往来絵字引）

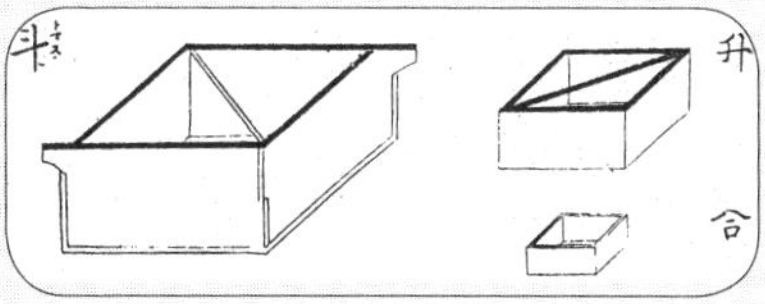

■主に穀類を量った枡。「斗」は商い専用で「升」の10倍（成形図説）

●ますとはかり
枡と秤

枡は嵩《かさ》、秤は重さを量る道具だが、両替商の天秤が銀の重さを誤るようでは経済は混乱する。そこで正確な値が得られない不良品が出回るのを防ぐため、幕府は「秤座《はかりざ》」「枡座《ますざ》」という組織を通して統制した。

■錘を動かして刻まれた目盛りを読むのが竿秤。図は銅山の様子だが、こうした大掛かりなもので体重も量った（山海名物図絵）

■右は両替に使う天秤で、手前は分銅。左は竿秤（頭書増補訓蒙図彙）

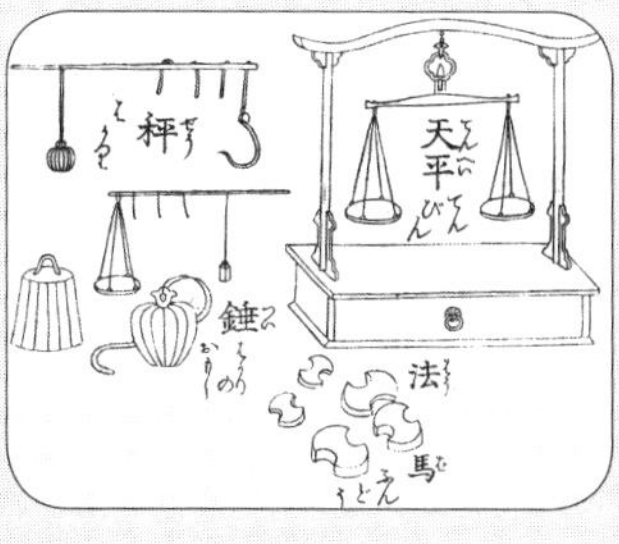

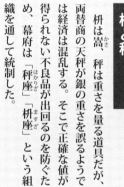

江戸時代の晴着と普段着

晴れの日は紋付、普段は好きな縞柄でお洒落に決める

武家も庶民も、江戸時代の装いは袖丈《そでたけ》が短い、いわゆる小袖が基本。下々には絹物禁止やら白禁止などのタブーはあったが、直線断ちで極シンプルな形に身分差はない。暑い時季は単衣《ひとえ》、寒さを凌ぐには綿入れ、春秋は裏の付いた袷《あわせ》と季節に応じて仕立方が変わるだけ。洒落たい者は柄に凝り、縦縞、横縞、格子縞《こうしじま》のどれも途方もない種類のデザインが生まれている。お上の財政が苦しくなると出るのが倹約令。迂闊《うかつ》に手を出せない絹物と違って木綿を粋に着こなす知恵だろう。

■衣更《ころもがえ》の4月1日から着る袷。裏地が付いて程よく温かい（頭書増補訓蒙図彙）

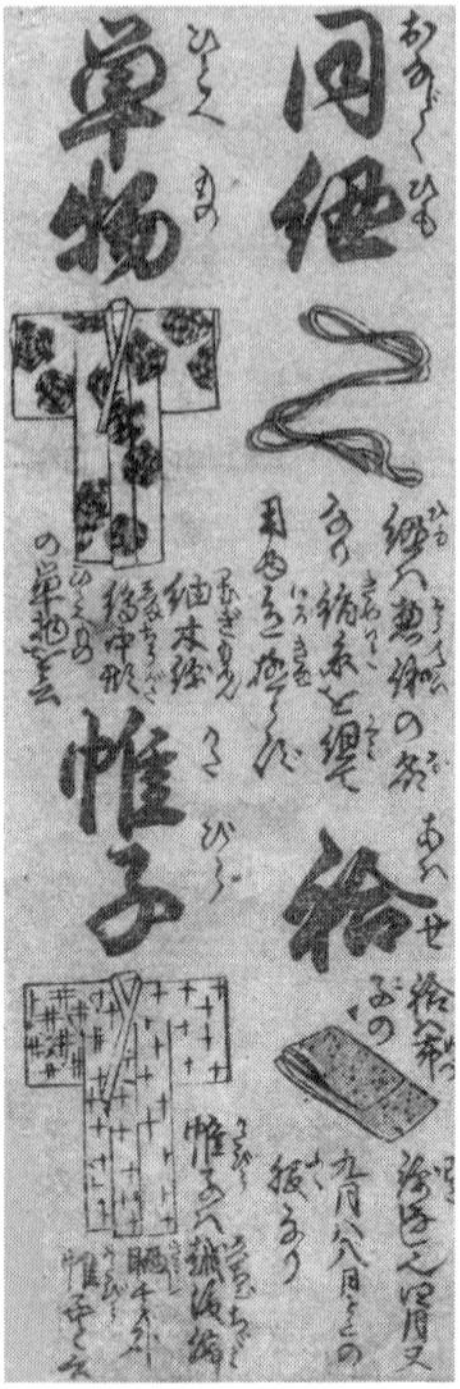

■『商売往来絵字引』に載る衣類の色々。帷子《かたびら》は麻で仕立てた単衣のこと。

普段着《ふだんぎ》

■亭主の男帯でも平気で締めそうな長屋のかみさん。多少寒くても足袋は履かない（狂言画譜）

何を着るかは身分、貧富、地域差で大分違うが、庶民の普段着は木綿の縞が主。京坂では河内木綿、江戸は結城縞が好まれた。表地はもとより、裏だけでも絹を使うのは京坂では裕福な商人だけだが、江戸は普段に絹裏を使ったという。

暮らしの豆知識

■時事ネタを売り歩く読売。三者三様の縞柄が洒落ている（国芳雑画集）

縞●縞は最もポピュラーな庶民の着物柄。染糸を織って作る様々な筋模様のことだが、大きく分ければ縦縞、横縞、格子縞の三種類。糸の色は紺、茶、浅葱《あさぎ》（薄い藍色）に白。色と形の組合せでデザインは無限大。市川団十郎が使い出した団十郎縞ともいう三升格子《みますごうし》の他、縞には名が付いている。

●はれぎ
晴着

普段着に対して特別な日に着るのが晴着。祝言や葬儀、あるいはお上の御用で役所に赴く際のフォーマルな装いをいう。黒の定紋付が基本で、男子は袴《はかま》あるいは裃《かみしも》を着用。長屋の住人が裁判沙汰にでも巻込まれれば、大家は紋付袴で奉行所まで同道するのが決まり。

■裾模様の入った女性用の礼服。模様は白く染抜くか表に筆描きするが、娘より婦人は細かく、老婦はさらに緻密な傾向があったとか（守貞謾稿）

■足袋の寸法の元になった寛永通宝。爪先から踵《かかと》まで銭がいくつ並ぶかで表し、10文が約24センチ（永代節用無尽蔵）

■三都とも女性は白足袋のみ。ただし江戸は浅く、京坂は深いものを履いた（女用訓蒙図彙）

暮らしの豆知識

足袋●貴賤老若男女を問わず足袋はすべて木綿製で、晴着には白足袋、遠出には紺を履くのが普通。普段は家の中はもとより、出歩くにも素足に履物を突っ掛けるのが当り前だった。旅行には足拵《あしごしら》えがしっかりできる踝《くるぶし》から上の筒部分が長いものを履いた。

洗濯《せんたく》

肌着や手拭は別として、衣類の洗濯は手間のかかる仕事だった。丸洗いをして干せば縮むし痛む。そこで一端縫目を解いて洗った後、糊を付けて着物の各パーツを上図のように板に貼付けて乾かす。これが一般的な洗い張り。縫い戻して反物状にしてから吊るして干す、なお面倒な伸子張《しんしば》りという方法もある。

■着物を解くと身頃、袖、衽《おくみ》が二枚ずつ、それに本襟、掛襟と都合八枚の布になる。丁寧に洗ってから張板で乾かすのが江戸の洗濯法、洗い張り（諸職人物画譜）

■物干竿で干すこともある（女遊学操鑑）

暮らしの豆知識

悉皆屋《しっかいや》●染物の本場京都には洗い張りの職人も上手が多い。そんなことから大坂には洗物や染替を望む家を回って衣類を集め、京都の職人に依頼する取次の商売があり、これが悉皆屋。悉皆はあれもこれも全部といった意味で、染物、洗い張り、湯気を当てて皺を伸ばす湯のしなど一切を扱うので悉皆の名が付いたという。

身嗜みの第一歩は髪の手入れ

とはいうものの、シャンプーはなんと月一回!!

周知の通り江戸時代は長髪を結上げ、男は侍も町人も月代《さかやき》（額の上部）を剃る。女たちは特別な日でもない限り自分で結うのが当り前だったようだが、男は月に数回床屋へ行く。

髪結床の料金を一梳《ひとす》きいくらというように、髪を梳くのは汚れを落とす大事な仕事。なぜなら、当時の人は洗髪の習慣がないからで、洗うのはせいぜい月に一度。銭湯では禁じているので家で湯を沸かして自分で洗うしかない。

江戸の後期に書かれた『守貞謾稿』には「近頃は江戸の女性は毎月一、二度は必ず髪を洗い、垢を取り、臭気を除く」とあるのだが、果たして臭気は消えるのだろうか。

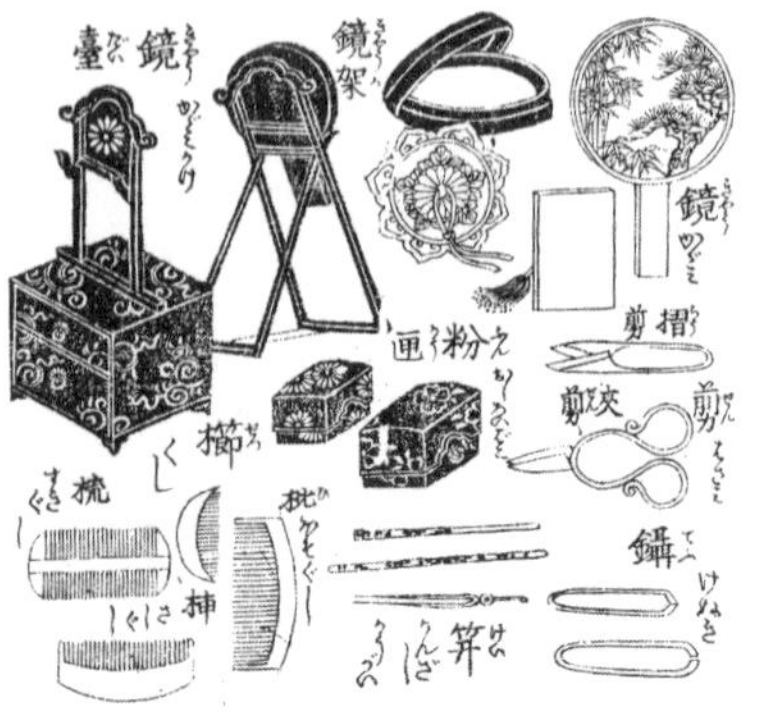

■女性の身嗜《みだしな》みに欠かせない鏡、鏡台、櫛など（頭書増補訓蒙図彙）

■市販の洗髪料はなく、湯で溶いた布海苔にうどん粉を混ぜて作る。油汚れも取れ、髪に艶が出るという（都風俗化粧傳）

●かみゆい

髪結

江戸時代には一町に一軒はあった髪結床。江戸では二人から三人が床に立つ。縛っていた元結《もとゆい》を切って髪を解き、梳いた後に月代や顔を剃る。最後に親方がきっちり元結を結んで完成。料金は一梳き二十八文。

■梳き終わった髪を束ね、結ぶための元結に手を伸ばす床屋（浮世床）

暮らしの豆知識

■京坂の廻り髪結（串戯二日酔）

廻り髪結●必要な道具を持って客を訪ねる出張サービスの髪結のこと。江戸の商家のなかには主から番頭、手代まで任せ、月極で代金を払うところも多かった。料金は例えば四、五日に一梳きで主は月二百文、奉公人は半額といった具合。普段は自分でする女性も正月、五節句その他晴れの日には女髪結に頼むこともあった。

●おはぐろ

お歯黒

公家の象徴であり、かつては武家の男子も行ったお歯黒は、江戸時代になると歯を染めるのは既婚の女性たち。嫁ぐ際に歯を染め、眉を剃るのが正式。主成分は鉄で、片を茶や酢に漬け、酸化促進用に飴などを加えて作り、壺に保存する。三都ともに未婚でも遊女は皆歯を黒くするのを誇りにしたという。ちなみに、吉原の一画を囲む堀をお歯黒溝《はぐろどぶ》という。

■化粧の基本は白粉《おしろい》、紅、お歯黒。紅白粉は人それぞれだが、お歯黒は必須（諸職人物画譜）

■白粉を塗る女性。化粧の濃さは京坂は濃く、江戸はあっさりが好まれたという（神事行燈）

暮らしの豆知識

■赤い花をつける鳳仙花。別名爪紅（商売往来絵字引）

爪紅《つまべに》●爪紅は爪を紅色に染めるマニキュアのこと。歴史は古く、平安時代に高貴な女性たちが鳳仙花《ほうせんか》の花から作った液を塗重ねたという。江戸時代は口紅に使う紅花が主流。遊女や芸人などがするもので堅気《かたぎ》の女たちに爪紅の習慣はなかったようだ。

用途は色々、庶民の被り物

帝の冠も烏帽子《えぼし》も笠も覆面も、頭に被るのは皆被り物。なかでも江戸時代の庶民に馴染んでいたのが頭巾と手拭被り。防寒、防塵、お洒落、悪巧み……色々に役立つ。

■御高祖頭巾《おこそずきん》、またの名を大明《だいみん》頭巾。大坂から女形の役者中村富十郎が江戸に下ってこれを被り、大流行した防寒用の頭巾（春色恋染分解）

●ちずきん 頭巾

布を袋状に縫って作る頭巾は、庶民にとって寒風や埃除けの実用品だが、人目を憚《はばか》る人も被る。また、火消は身を守るために火事頭巾が欠かせない。

■邪《よこしま》な考えはなさそうな男の手拭被り（世志此銭占）

●てぬぐい 手拭

顔や体を拭く他に江戸時代には被り物として愛用されたのが手拭。一般的なのが頬被りで、両端を捻って左頬に挟む。流しの芸人やドラマに登場する瓦版売りは、二つ折りにして両端を髷の後ろで結び止める吉原被り。

■被り物の色々（戯場訓蒙図彙）

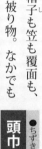

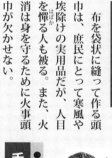

江戸時代の病と医療事情

軽い病は売薬で、流行病はひたすら祈る

医者
●いしゃ

医者には幕府や大名家に仕える御典医《ごてんい》、いわゆる御抱と町医者がいた。下々は急に具合が悪くなっても長患いでも、江戸時代は病を得れば自宅療養が当たり前。呼ばれた医者は薬箱を携えて往診をし、薬料をもらう。

■薬籠（薬箱）に薬を収める医者。髪型は剃髪もしくはポニーテールのような総髪で、月代は剃らない（頭書増補訓蒙図彙）

文政年間（一八一八～一八三〇）に刊行された『江戸今世医家人名録』という本には、江戸市中に住む二千名に及ぶ医者の名が載っている。主流の本道（内科）を始め、外科、眼科、小児科などの名医が並ぶ。名簿外の藪医者も加えれば、人口百万といわれた江戸御府内に十分な数の医者がいたと考えられる。ただし、労咳《ろうがい》（結核）などの重い病で医者にかかれば高額な薬代で身上を潰す。病院もなければ医療保険もない厳しい時代。重篤なものではない胃痛腹痛程度なら、売薬で済ませるの普通だった。

薬 ●くすり

分不相応な振舞いを戒める喩えに「人参飲んで首縊《くく》る」という。高価な朝鮮人参で病は癒えても借金地獄に堕ちると。人参は江戸中期に国産化されたが、肉桂《にっき》、檳榔子《びんろうじ》など輸入ものしかない薬種は庶民には高嶺の花。そこで頼ったのが反魂丹、和中散《わちゅうさん》、実母散《じつぼさん》、奇応丸などの売薬。

■店頭に吊るした薬種と書かれた袋看板が目印の薬屋（絵本士農工商）

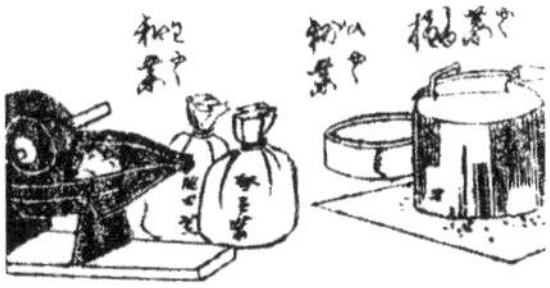

■袋に詰めた漢方薬の薬材、生薬。左は生薬をすり潰す薬《や》研《げん》（両點庭訓往来）

暮らしの豆知識

医師免許●江戸時代は開業に医師免許は要らず、志さえあれば農家の長男でもない限り誰でも医者になれた。試験はないが、実際は開業医に弟子入りして薬の知識や扱いはもとより、漢文で書かれた医学書の学習などの修業が欠かせなかったのはいうまでもない。

■薬研を使って薬草を挽くのも医者の大切な勤め（画本早引）

●あんま
按摩

体を揉みほぐす療治は施術も術者も按摩という。商家などに得意先を持つ者、町を流す者、自宅で行う者などがある。料金は四十八文。店を構えているのは足力《そくりき》といい、手足を使って揉んで百文。按摩は鍼も行うし、足力の家では灸も据える。

■主に盲人の仕事だったもみ療治をする按摩（諸職人物画譜）

●はりし
鍼師

■鍼を打つ鍼師。江戸期の医師名簿には専門医として鍼師も登場する（人倫訓蒙図彙）

つぼに鍼を刺し、鍼療治をするのが鍼師。江戸時代の職業事典『人倫訓蒙図彙』には「針師」の項で打針、捻針、管針と色々な流儀があるとしている。打針、捻針は痛みを軽減する打ち方の工夫。管針は針を管に入れ、管から出ている針の頭を指先でたたいて刺す画期的な方法。

暮らしの豆知識

養生所●江戸時代に入院治療が受けられた唯一の施設で、身寄りのない貧しい人びとの施療を行った。幕府の薬草園、小石川御薬園内にあり、幕末にできた洋式の長崎養生所に対して、小石川養生所ともいう。一帯は現在小石川植物園。

■疱瘡とも痘瘡ともいった天然痘。大昔から最も恐れられた疫病だが、江戸時代の末期に蘭方医の尽力で種痘（予防接種）が可能になった（画本早引）

■疫病を払う護符。いつの世も人知の及ばない災いにはこうしたものに頼りたくもなる（萬代大雑書古今大成）

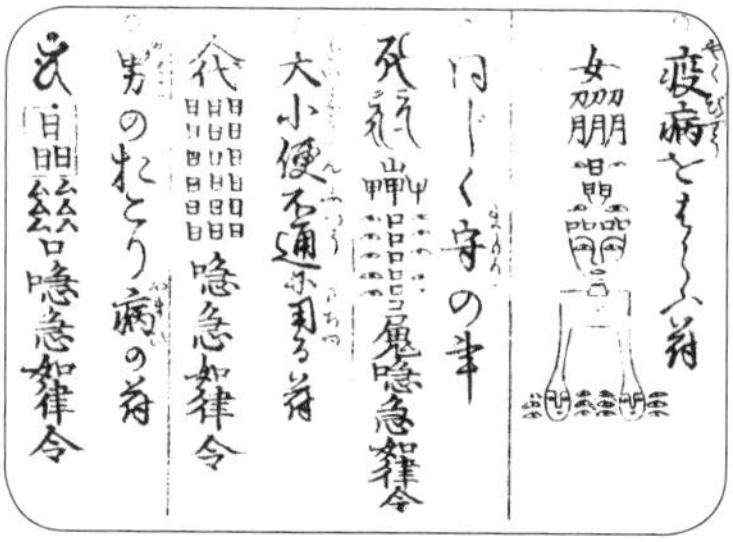

流行病
●はやりやまい

「おとっつぁんもおっかさんも流行病で亡くしました」。時代劇の死因は流行病がダントツ。周期的な流行で甚大な死者が出たのは麻疹《はしか》、疱瘡《ほうそう》（天然痘）、風邪（インフルエンザ）。吉宗が八代将軍に就任した年に流行った風邪では月に八万人も死亡したという。

暮らしの豆知識

達磨《だるま》●当節は開運の縁起物として選挙事務所などで見かける達磨だが、江戸時代には疱《ほう》瘡《そう》快癒のお呪いでもあった。疱瘡を司る疱瘡神が赤い色を嫌うと信じられていたため、子供が疱瘡にかかると赤い着物を着せ、真っ赤な達磨を側に置いて回復を祈った。

■枕元に置いて疱瘡の神様を追払う呪いに用いた赤い達磨（今様職人尽歌合）

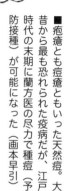

江戸人の冠婚葬祭

人生の節目節目の祝儀不祝儀

この世に生を受け、大人になり、夫婦になって子をもうける。老いて死ぬまで五十年といわれた江戸時代。幼少時に流行病に罹れば助かる率が低い当時、それを乗越えて大人になるのは大層喜ばしいことだったろう。世間様にその姿をお披露目する儀式が元服。

今は冠婚葬祭といえば婚と葬だが、元服を意味する「冠」は人生の第一歩。江戸の庶民は男女とも髪型を変えるだけだが、本来は無帽の童が冠や烏帽子《えぼし》を戴くセレモニー。

●だんなでら
檀那寺

一家が檀家になっている菩提寺のこと。江戸時代には信心の深さには関係なく、異教徒でない証に皆檀那寺を持たなければならなかった。葬儀ばかりでなく生を受けて死ぬまで、何かと世話になる檀那寺は長屋の大家と店子のように縁が深かった。

■法要の席で読経をする僧侶（素人庖丁）

■武家の元服。月代を剃り、侍に相応しい髷を結う。かつては侍烏帽子を被るのが正式だったが、江戸時代になるとこれは省略（包結図説）

●げんぷく

元服

冠婚葬祭の「冠」にあたる元服は江戸時代の成人式、大人に仲間入りをする大切な儀式だ。とはいえ年齢に決りはなく、概ね十五歳前後の男子が個々に行う。古来からあるもので身分で異なるが、一般に前髪を剃るのを元服といった。

■寺子屋で手習いをする元服前の童たち。髷を結い、中剃りを入れ、皆一様に前髪がある（童子専用寺子調法記）

■武田信玄。実名は晴信、通称太郎。幼名勝千代。号は徳栄軒。大膳大夫、信濃守。出家し信玄と号す（永代節用無尽蔵）

暮らしの豆知識

姓名●個人を特定する名字と名前だが、人の名は近世までややこしいものだった。下々は基本名字はないし、親が八五郎と名付ければ生涯八五郎だが、武家は違う。松平竹千代から元康《もとやす》というように小さい頃は幼名を使い、元服後に改名。さらに家康と名を改め、大将軍となった男は出世魚のようだ。

■武家の輿入れの様子を描いた屏風（女遊学操鑑）

■三三九度の盃。後ろは島台で、松竹梅や鶴亀などの縁起物を飾る（世志此銭占）

祝言

●しゅうげん

武家の場合は花嫁を乗せた輿《こし》が行列を仕立てて嫁ぎ先の邸内に赴く、文字通りの輿入れだが、庶民は分相応。祝言は、つまるところ夫婦の契り、親子の契りを結ぶ固めの盃をかわすこと。

暮らしの豆知識

婚姻届●書面の提出は要らない。例えば神田竪大工町大工熊五郎が隣町から嫁をもらったら、人別帳の管理を任されている大家に告げると、大家は熊の人別に「妻みよ」などと書添える。商家の娘の婿取りには当主のデータに追加する。

葬儀《そうぎ》

死者を悼む弔いの儀で、現代と大きく異なるのは埋葬法。火葬の歴史は古く、仏教の伝来とともに広まったが、庶民のほとんどは土葬。死後に誂える大型の桶に入れて出棺し、菩提寺に運ぶ。ちなみに、江戸時代は歴代天皇のすべてが土葬で、昭和天皇まで続いている。

■棺は座ったままで納める座棺。二人で担いで寺まで運ぶ（美少年始）

暮らしの豆知識

早桶《はやおけ》●菜漬の桶を棺桶代わりに使う件《くだり》が古典落語の『らくだ』に出てくるが、さもありなん。江戸時代の庶民の棺は桶。依頼を受けて手早く作ることから早桶という。死者を納めたこの桶を近親者が差し担いで寺まで行き、土葬をするのが普通だった。

■こちらの早桶は4人で担ぎ、寺に運んで回向をする（曙草紙）

江戸時代の戸籍

現在の民法では戸籍は同姓の夫婦が基本だが、江戸時代は「家」単位。戸主を筆頭に妻子はもとより使用人の果てまでが人別帳《にんべつちょう》に記載される。地域や年代で様相は異なるが、八代将軍吉宗の時代に全国規模の調査が六年ごとに実施されるようになった。

●宗門人別改帳《しゅうもんにんべつあらためちょう》

家単位で同居する人びと全員の名前年齢戸主との続柄など一切が記される江戸時代の戸籍台帳といえるのが宗門人別改帳。本来、切支丹ではない事の証を檀那寺《だんなでら》が保証するもので、当然のことながら宗旨や寺名が書かれ、帳面は寺が管理。

●寺請証文《てらうけしょうもん》

檀那寺が発行する仏教徒の証明書。この証文は旅に出る際の往来手形にもなるし、奉公するにも奉公先に提出する身分証明書の役割をした。パスポート申請に戸籍謄本を取寄せるのと同じように、当時はデータを掌握している寺が出した。

■丁稚奉公にも寺請証文が要った（家内安全集）

●かんどう
勘当

「勘当！」は単なる出て行けではない。江戸時代には二通りあって、親や親類内で決めて非公式に子を追い出す内証勘当《ないしょうかんどう》と、奉行所まで届ける正式な勘当がある。正式の場合は除籍、つまり人別帳から外され、家督相続はできなくなる。

●むしゅくにん
無宿人

無宿人とは宗門人別改帳から除籍された、住所不定で生業に就いていない者のこと。時代劇には上州無宿を名乗る浪人者がよくでてくるが、家業を疎かにして追放され、無頼に堕ちた若旦那も立派に無宿者だ。

■放蕩の挙句に勘当される若旦那は、改心すれば許される内証勘当が多かったようだ（世志此銭占）

■金山の坑内労働はきつい。江戸中期以降、佐渡金山には無宿人が水替人足として送込まれたが、これは刑罰ではなかった（山海名物図絵）

第五章・遊び◆男の遊び、女の遊び

遊び

天下御免の色町、芝居町、大相撲

一句ひねるのも凧揚げも遊びには違いないが、この章では江戸時代庶民の大人の遊びを取上げる。日々の憂さを晴らしてくれる芝居や相撲見物、廓遊びはその代表。男の遊び、女の遊びと分けたのは、女郎買いはもちろん相撲も殿方専用だからだ。御殿女中も夢中になった芝居は、町の女たちも贔屓《ひいき》見たさに劇場へ足を運んだ。ただ、男子であっても丁稚奉公の身ではお金も時間も自由にならない。休みは三都ともに年二回がせいぜい。江戸で宿下《やどさ》がり、京坂では藪入《やぶい》りという貴重な日は実家でゆっくりするのが普通。京坂では元服した手代には藪入りがなく、代わりに主が費用を持って一日芝居見物に行かせてもらえたという。どの遊びもゆとりがないと難しいが、暮らし向きに応じた遊び方はある。吉原にしても美服をまとった花魁《おいらん》ばかりではなく、格安な怪しい遊女もいる。芝居も、幕府公認の櫓《やぐら》が立つようなところは敷居が高いが、小屋掛けの宮芝居ならコスパは高い。

御府内の郭・芝居町・大相撲

■元吉原は江戸の遊廓発祥の地。大芝居の三座は江戸後期に日本橋界隈から浅草猿若町へ移転。以降浅草寺周辺は境内の見世物あり芝居あり、一足伸ばせば廓ありのお楽しみゾーンとなった。

官許 非官許の色町事情

天下堂々北の吉原、敷居が低い南の品川

官許、つまりお上公認の遊里は三都それぞれにあった。江戸吉原、京島原、大坂新町。もぐり営業の岡場所《おかばしょ》は気軽さが受けて市中に蔓延するも、しばしば摘発されて消えては生まれの繰返し。

正規の遊廓と岡場所の中間が街道筋の「飯盛旅籠屋《めしもりはたごや》」。売色ではなく給仕の女という見え透いた建前を掲げての営業だが、幕府も諸藩も一軒当りの人数を限って容認。品川はそのお蔭で、深川などの岡場所が軒並み潰された折にも生き残った。

●よしわら 吉原

江戸幕府開府まもない慶長十七（一六一二）年、各所にあった色町をまとめて廓としたのが御城に近い元吉原。明暦の大火の後、日本橋から浅草寺の裏手に移転して以来二百年余り、幕府公認の遊女町として栄えた。遊女の数三千人、一日に千両の商いがあったという。

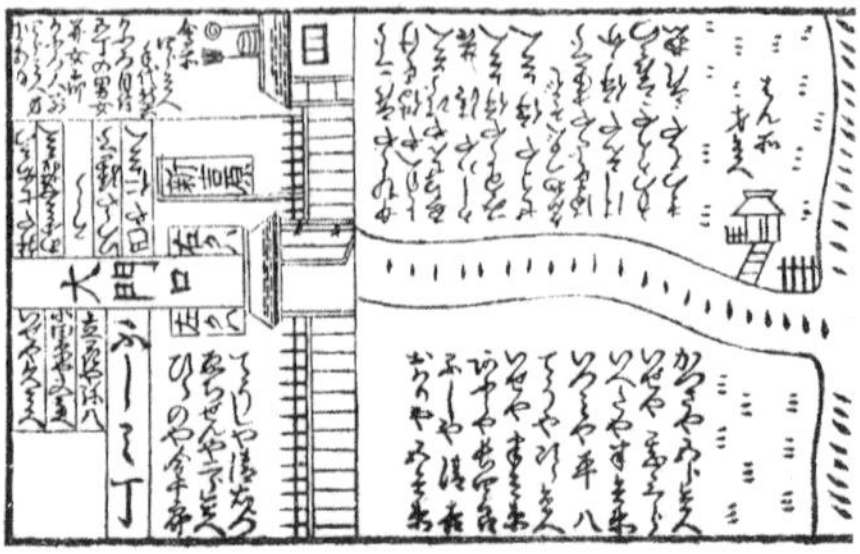

■明和六年（一七六九）発行の吉原細見。門の右、上下に名を連ねるのは取次をする引手茶屋。

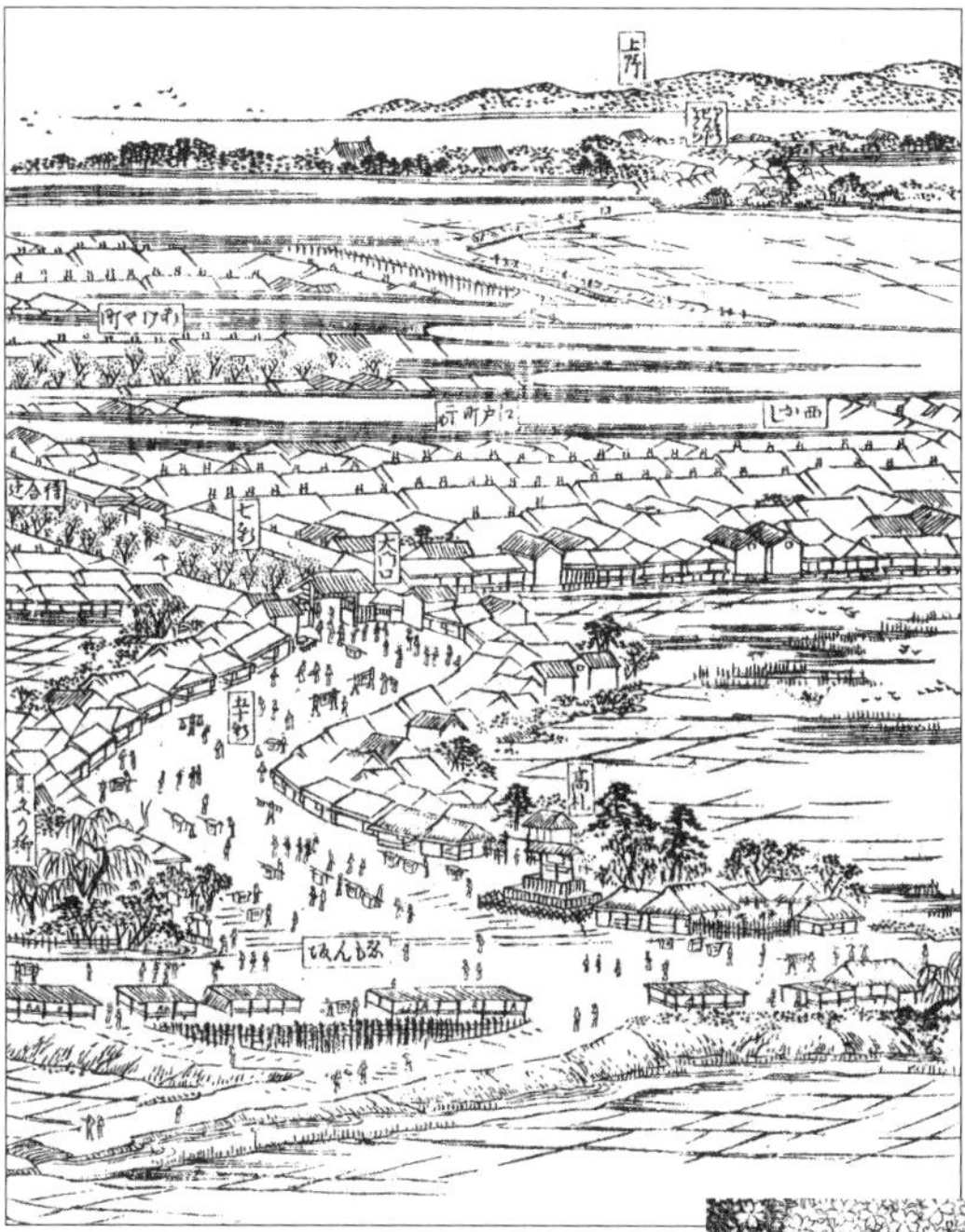

■日本堤から坂を下って吉原へ向う人びと。中央に見えるのが遊廓への入口、大門口（江戸名所図会）

■吉原の玄関口、大門。非常口はいくつかあるが、出入りはここだけ。門を潜れば別世界が広がる（人情腹之巻）

大門 ●おおもん

吉原は周りをお歯黒溝《はぐろどぶ》といわれた堀で囲まれ、人の出入りは大門一カ所。入口の会所に番人がいて、客や遊女の出入りを見張った。門は明け六つ（午前六時頃）に開け、夜四つ（午後十時頃）に閉じたが、その後しばらくは潜り戸を利用。

揚屋と茶屋《あげやとちゃや》

京坂と江戸では色町の遊び方が違う。揚屋は自前の遊女を抱えず遊びの場を提供するところ。京坂は幕末まで続くが、江戸は中期に絶えて揚屋町の名だけが残った。京坂の揚屋は最上級の遊女、茶屋は中以下も呼べた。揚屋がなくなった江戸では茶屋で売れっ子の花魁を揚げて遊べた。

■吉原のメインストリート、仲之町通は両側に茶屋が並び、そこでまず酒宴に及ぶ（江戸名所図会）

遊びの豆知識

花魁《おいらん》●遊女には格付けがあって、最高位は太夫《たゆう》。しかし江戸は中期以降、値が張り過ぎて太夫はいなくなる。それからは「呼び出し」という妓楼の筆頭格の通称が花魁。吉原では茶屋の仲立ちで花魁を呼んでもらい、妓楼へ繰り出す。客の送り迎えにそぞろに歩くのが花魁道中。

■花魁は見習身分の幼い禿（手前）や妹分の新造を従えて優雅に歩く（都風俗化粧傳）

●もんび
紋日

紋日は五節句や八朔《はっさく》（八月一日）を始め、年に何日もあった特別な日。揚げ代が割増の上、見世の者への心付けや馴染みの花魁への贈物など、客にとっては出費がかさむ因果な日。遊女もこの日はお茶を挽くことが許されないので必死。

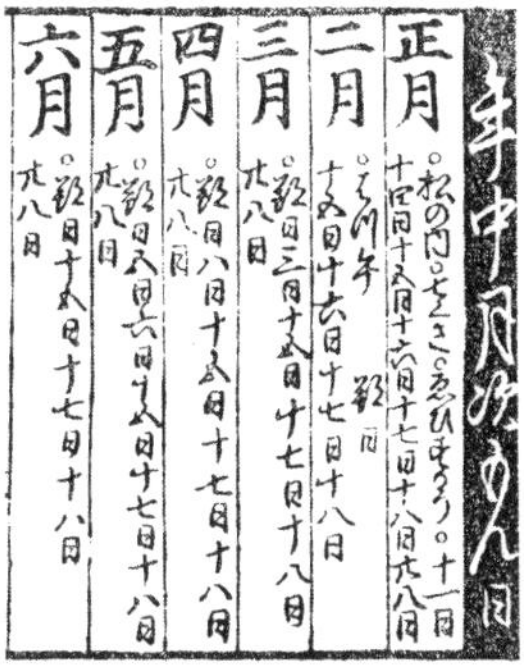

■正月松の内から始まり三月三日、五月五日、七月七日、十五日、十六日、八月朔日と師走まで毎月あった特別な日、紋日（明和五年吉原細見）

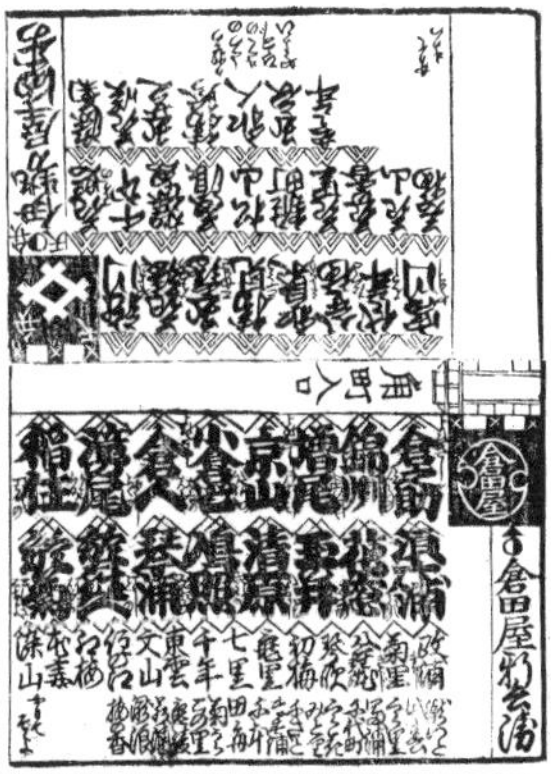

■見世が抱える遊女の名が太字で書かれ、二つ山形などの位を示す印が添えてある。屋号の上の小図は町の入口に設けた木戸（弘化二年吉原細見）

遊びの豆知識

吉原細見●享保（一七一六～三六）頃から毎年刊行。最新の見世（遊女屋）と遊女のことが分かる、吉原で遊ぶための案内書。冒頭に略図や遊女の格とその印、揚げ代といった約束事の解説がある。本編は大門に近い所から順に廓内の通りごとに一軒一軒見世の詳細な情報が続く。

●みうけ
身請

遊女は娼家に売られるのではなく、年季奉公に出るというのが建前。「奉公」の約束期限前に客が身代金（前借金）を引受けて遊女を自由の身にするのが身請。吉原には高尾太夫という名の名妓が幾人もいるが、「仙台高尾」は藩主伊達綱宗に身請されている。

■夫婦になってくれとせがむ客に「年が明けるまで待って」という花魁（世志此銭占）

遊びの豆知識

吉原言葉●吉原の廓内で花魁が話す共通語がある。生まれも育ちも違う女たちは、すぐには江戸の言葉に慣れないので、独特の言回しを作って訛《なまり》が出ないようにしたのだという。ありんす（あります）、そうざます（さようでございます）、いやざます（いやでございます）などなど。

■諸芸を嗜む位の高い花魁こそ相応しい吉原言葉（人情腹之巻）

■岡場所の遊女は雅な源氏名は使わず、「お花」「お梅」など。「ありんす」ともいわない（世志此銭占）

■甲州街道内藤新宿の旅籠。『守貞謾稿』には「江戸の四宿には各々娼家があり、品川を第一とし、第二は内藤新宿。千住が三番目で板橋は四位。これは妓品のこと」とある（江戸名所図会）

岡場所《おかばしょ》

江戸の吉原、京の島原、大坂の新町はお上公認の遊廓。これ以外のいわばもぐりの色町が岡場所で、京坂では島といった。江戸の岡場所の筆頭は深川だが、天保の改革以後厳しい取締りで絶えた。ちなみに京は祇園、大坂は島之内など。

遊びの豆知識

宿場女郎《しゅくばじょろう》●宿場女郎は街道筋の旅籠が抱えた娼妓のこと。岡場所の女郎は摘発の対象だが、宿場では旅人の世話をする給仕の女という体で黙認され、飯盛女《めしもりおんな》と呼ばれた。最大の宿場、東海道の品川宿には飯盛女を置く旅籠が百軒近くあり、実態は紛うことなき「色町」。

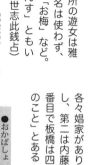

大川を往く 船の便

かつて武蔵国と下総《しもうさ》国の国境だった隅田川。江戸城ができた頃に橋は千住大橋のみ。明暦の大火を契機に両国橋が架けられたが、それでも都合五基。上流の千住から吾妻橋、両国橋、新大橋、永代橋。両岸を結ぶ渡し船を始め、仕事の船も遊びの船も忙しく行き来したのが隅田川。

■何艘もの小舟が行交う隅田川。橋は大川橋ともいわれた吾妻橋（江戸名所図会）

●猪牙船《ちょきぶね》

姿が猪牙に似ている船足の速い小舟。吉原通いの遊び客を一人か二人乗せて隅田川を往復。例えば柳橋の船宿から吉原の入口山谷堀《さんやぼり》まで三十町（三キロ余り）の船賃は一艘百四十八文と駕籠より格安。

■吉原へ向う猪牙船。船は両国橋と吾妻橋の間、浅草蔵前辺りを通過中（絵本続江戸土産）

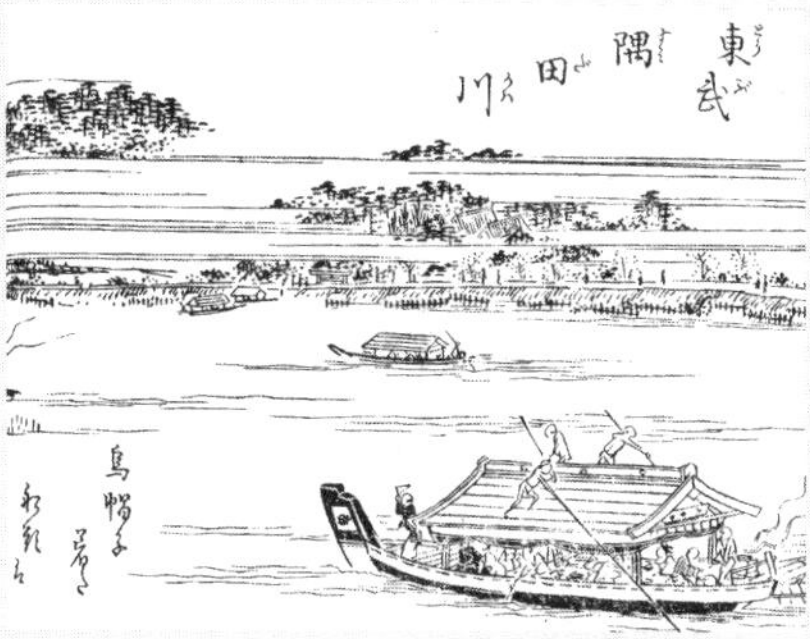

■大坂には二階建てもあったという大型の屋形船。四本柱に簡素な屋根を載せた小型のものは屋根船といった（永代節用無尽蔵）

●わたしぶね

渡し船

■吉原にほど近い橋場の渡し船（絵本江戸みやげ）

江戸時代は隅田川に架かる橋はわずかに五基と少なく、それを補うのが両岸を結ぶ渡し船。千住大橋、吾妻橋間に橋場、竹屋、枕橋。吾妻橋、両国橋間に竹町、御厩《おんまや》。両国橋、新大橋間に安宅《あたけ》の渡しなどがあった。

●ふなやど

船宿

日本橋、浅草界隈の河岸にあった船宿は、川遊びの船や釣船などの手配が主な仕事。二階は客が頼めば男女の密会や、宴会の会場にもなった。

■扱う船の種類が書かれた船宿の看板（小野馬鹿村譃字尽）

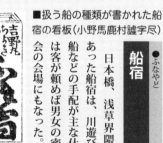

芝居見物は贅沢な遊び

朝から日暮れまで、どっぷり浸る夢の世界

落語の『四段目』はお使いの途中こっそり市村座に寄った小僧が蔵に閉込められる噺だが、一旦奉公に出ると一人前になるまで休みはないし小遣いもないから観劇はとても無理。芝居見物は時間と懐具合に余裕のある町人の遊び。見物に茶屋は付き物で、上席は芝居茶屋が押さえているため、茶屋に頼んで予約。当日は指定の場所まで案内してもらい、幕間には茶屋へ戻って食事もする。幕が開いて時代物、世話物と一日に二つの出し物を演じるのがおおよその流れ。通しで見るとなれば一日がかりで費用も馬鹿にならない。

●江戸三座《えどさんざ》

幕府から興行が許された中村座、市村座、森田座の芝居を称して江戸三座。それぞれに控えの座（控櫓《ひかえやぐら》）が決まっていて、火災その他で経営がおぼつかなくなると交代する。中村は都座、市村は桐座、森田は河原崎座。座は入れ替っても、明治まで三つの座で運営された。

■三座の一つ中村座。屋根の上に見える銀杏の印はお上公認の証、櫓（絵本続江戸土産）

■枡で仕切った平土間《ひらどま》も、一段高い高土間《たかどま》も満席の客は皆花道に釘付けだ（客者評判記）

顔見世《かおみせ》

霜月朔日《しもつきさくじつ》（十一月一日）は芝居の新年度が始まる顔見世の日。役者は一年ごとに一つの座と契約し、翌年秋まで勤めるのが決まり。そこで、新たにこの座に加わって芝居をします、ということを贔屓にお披露目をする行事が顔見世。

■夜明け前から芝居好きが押寄せる江戸の顔見世（東都歳事記）

遊びの豆知識

猿若町《さるわかちょう》●江戸芝居の元祖、猿若勘三郎（後の中村勘三郎）の由緒により猿若町と呼ばれるようになった浅草の芝居町。もともと江戸三座の芝居は日本橋と東銀座にあったが、天保の改革のあおりで移転を余儀なくされた。まとめて潰されるところを、遠山の金さんの尽力で存続が叶ったという。

宮地芝居
●みやちしばい

立派な劇場を構え、通年興行ができるのが官許の芝居。宮地芝居は寺社の境内に簡単な小屋掛けをした格下の芝居。祭や御開帳などの折に臨時の見世物として興行。非官許の悲しさで舞台には制約があり、花道、引幕《ひきまく》、回り舞台などは作れなかった。

■役者名が書かれた旗が並ぶ湯島天神の小屋。宮地芝居は他に江戸は神田明神、深川八幡、京は錦天神、大坂は天満天神など（江戸名所図会）

■大芝居と呼ばれた官許の劇場の引幕。三色の布を接ぎ合せる江戸歌舞伎の象徴（戯場粋言幕の外）

遊びの豆知識

緞帳芝居●引幕が許されなかった宮地の小芝居は、やむを得ず緞帳を使ったので通称緞帳芝居。昨今は豪華で厳かな作りが多いが、こと江戸の歌舞伎において緞帳は残念なイメージで語られた。名優初代中村仲蔵はうまい趣向が浮かばず「緞帳に落ちるしかないか」と呟いたとか。

●よせ

寄席

噺や講釈を聴かせる演芸場を江戸では寄席、京坂は講釈場《こうしゃくば》といった。演芸そのものは江戸の初期から寺社の境内で小屋掛けの興行があったが、初めて常設の演芸場が登場したのは寛政十年（一七九八）。流行廃《はやりすた》りはあったが、幕末には各町内に一、二ヵ所は寄席の看板ともいえる行灯《あんどん》が掛かっていたという。

■江戸の寄席には浄瑠璃語りも出た。特に人気があったのは「娘義太夫」（諸職人物画譜）

■高座の噺家。扇子と手拭を小道具に語る形は江戸時代に完成（早引漫画）

遊びの豆知識

講釈●今の講談は江戸時代には講釈といい、芸人は講釈師。江戸市中の寄席は噺、講釈、義太夫から手品まで演し物は色々あったが、講釈は主役。浅草寺境内や神田明神、湯島天神、芝神明などの社頭で興行したところは講釈専門。

■見台を兼ねた机を扇で叩いて拍子を取りながら古い戦の話を読む講釈師。講釈は語るといわずに読むという（狂歌倭人物初編）

相撲見物は男の楽しみ

芝居の劇場は千人、相撲小屋は十倍の見物人！

勧進相撲《かんじんずもう》

勧進は寺社が諸費用捻出のために寄付を募ることで、この名目で興行したのが勧進相撲。管轄する寺社奉行の許可を得て櫓《やぐら》が許されたのは、勧進相撲発祥の深川八幡を始め、蔵前八幡、両国の回向院《えこういん》など。

■土俵の登場は江戸初期の元禄頃で、そこで初めて寄切りの決まり手も誕生（近世奇跡考）

相撲興行を町中に知らせた櫓太鼓（早引漫画）

浅草蔵前から移転して、両国に国技館が誕生して三十余年。江戸時代は富岡八幡や浅草寺などが大相撲の本場だったが、江戸の後期、天保の頃に両国の回向院に絞られた。

興行は年二回、十日間。一部の桟敷席を除いて観戦は屋根のない土間だったので、雨天順延。雨が続いて日程の半分で打切りの年もあったという。興行の度に設営する小屋は約三百五十坪だが、土間には見物客がぎゅう詰めで収容は一万人！　芝居同様に桟敷席は高額だが、土間なら二百文ほど。ただし、女たちは観戦が叶わなかった。

■飲食、賭、時には喧嘩騒ぎもあった相撲小屋の土間。女性には入りにくいところだったか（神事行燈）

横綱
●よこづな

江戸時代は、綱を締めて土俵入りができた優れた力士をいう尊称だった横綱。番付上はあくまで大関。ちなみに、当時最上位の大関だけが「関取」と呼ばれた。

■大名家に取立てられた御抱えの横綱（狂歌倭人物初編）

遊びの豆知識

女人禁制●急病人の手当ですら女性が土俵に上がれば咎める声が出る昨今。江戸時代は土俵どころの騒ぎではない。相撲観戦自体が女たちには認められず、見物が自由になったのは明治になってから。土俵の内側だけに、神道を言訳に伝統を振りかざすのは如何なものか。

一攫千金！夢の宝くじ

富突《とみつき》と呼ばれた富興行は特定の寺社に許可され、年四回から毎月開催というところもあった。発行枚数は一回の興行で数千から二、三万枚。宝くじより当選確率は高そうだが、一枚金一分（四分の一両）かその半値の金二朱と高額だった。

■左は抽選に使う桐製の富札。右は紙の札（守貞謾稿）

●とみこうぎょう 富興行

元々神社仏閣の再建費用を捻出するためと称して行われた富興行は、今の宝くじのようなもので最高の当たりは千両。谷中感応寺、目黒不動、湯島天神で始めてから各所でやるようになり、月に二十四、五回もあったという。

■江戸の三大富興行の一つ谷中感応寺の富突。僧侶が箱に収めた富札を錐で突いて当たりが決まる（東都歳事記）

千両富《せんりょうどみ》

千両あれば侍の身分も買えるし、米なら一両で一石、毎食一合換算で一年分が賄え、千年安泰。ただし、満額は受取れない。主催する寺社への寄付や諸経費の名目であれこれ引かれ、手取りは七百両余り。

富くじ売り《とみくじうり》

富興行をする寺社の門前町には富札店があり、主催者が売りに出す定価に一割ほど乗せて売る。本札を札屋が持ち、一枚の札を複数人に分けて売る「割札」もある。

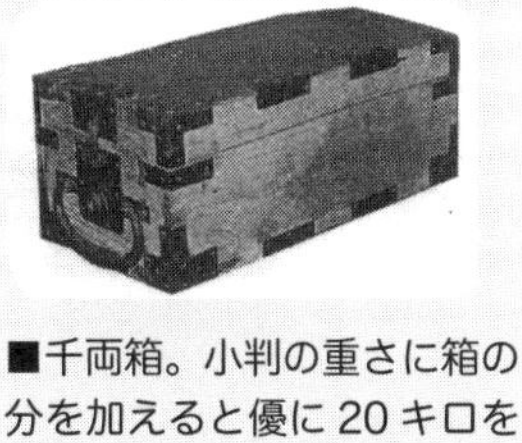

■千両箱。小判の重さに箱の分を加えると優に20キロを超え、ひょいと担ぐのは難しい（江戸あきない図譜）

第六章・社会◆町を守る町方と火消

社会

町民参加型の江戸の行政

最終章も四章同様暮らしに関わるテーマながら、江戸時代における世の中の仕組を「社会」と題してお届けする。主題は日常生活に関わりの深い防犯と防火。そもそも、政《まつりごと》とは民の生活を守ること。衣食住不足なく、飢えることなく生きられるよう策を練り、実行する、そのための法整備に治安対策。まずはルール作りに携わる上に立つ者たちが集う江戸幕府の主要人物、そして人命を脅かす悪党から人びとを守り、よろず争い事を収める町方の面々。最後に住まいを、財産を守る火消たち。

お上の決め事は町奉行所から町役人を経て町民に伝達される仕組。町役人の詰める自身番には町方同心が巡回中に立寄り、町内の安全確認をする。いずれも泰平の世に官民一体となって民の暮らしを守る侍と町人だが、極めつけは防火対策。火の用心の夜回りは無論、いざ火災となれば火消組が大活躍する。江戸市中をきめ細かく割振って担当区域を定めた策は見事。

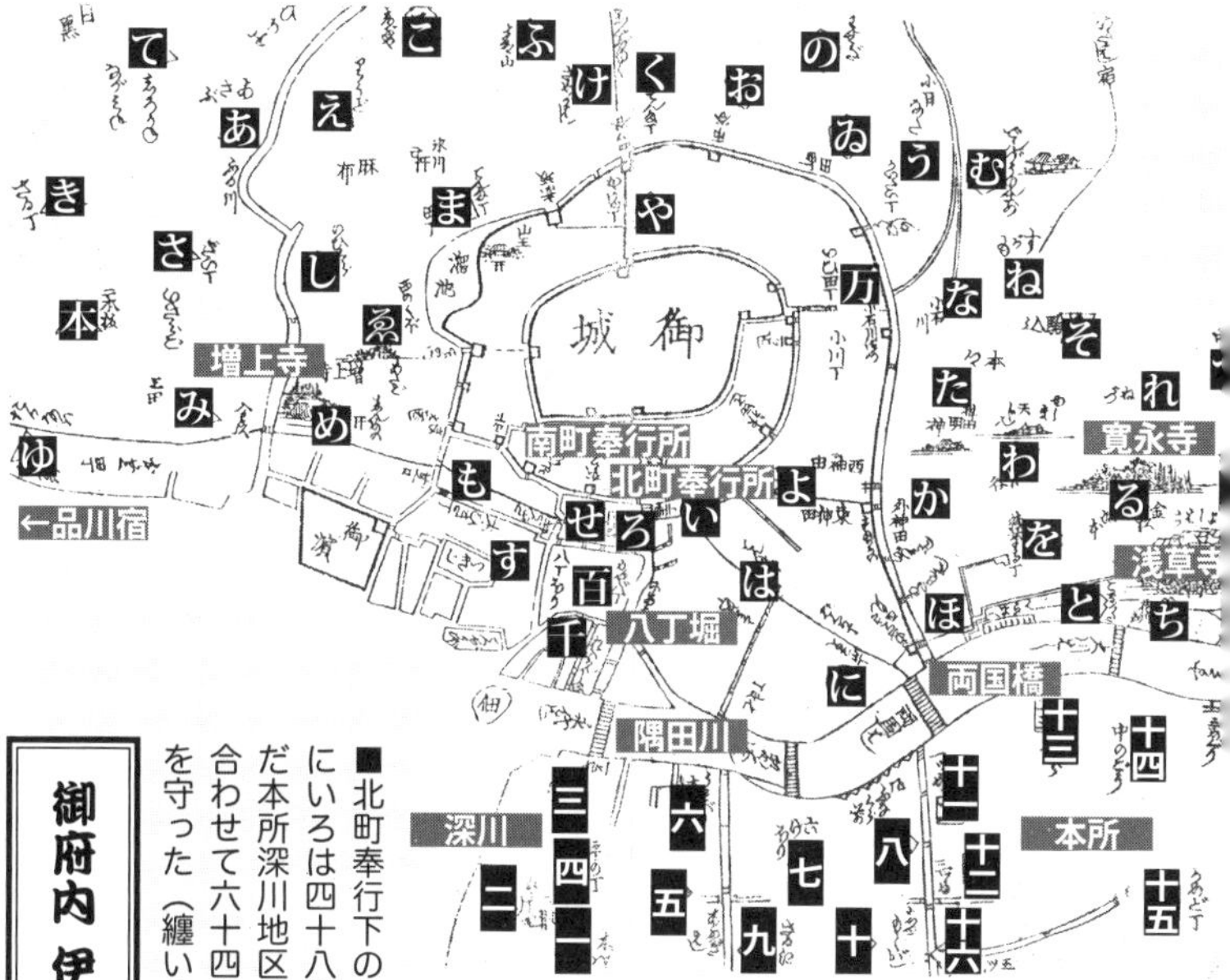

御府内 伊呂波組配当図

■北町奉行下の「い組」から反時計回りにいろは四十八組が配置。隅田川を挟んだ本所深川地区は一番から十六番までと合わせて六十四組の町火消が江戸の市中を守った（纏いろは組ひながた）

■幕末の浮世絵師豊原国周の役者絵『真盛江戸の花役』。

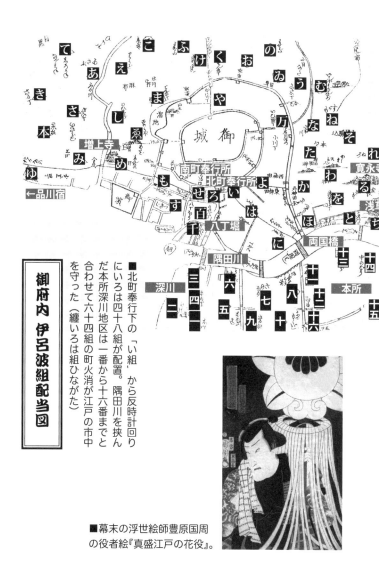

政の中核
江戸幕府

江戸城の郭内には国会内閣裁判所が完備

江戸時代は天下の政、つまり国政に全権を持っていたのは武家の棟梁《とうりょう》と呼ばれた徳川将軍。政策の実務を担ったのが執政衆の老中、若年寄と配下の諸役人。広大な江戸城の本丸御殿は公務のための「表《おもて》」、将軍用の「中奥《なかおく》」、将軍家私用の「大奥」と三つのエリアに分かれるが、国会も内閣も官庁の役割もすべて「表」を舞台に行われた。

●ばくふ
幕府

幕府は武家政権の中央政庁のこと。江戸時代は徳川家康が征夷大将軍となった慶長八年（一六〇三）から慶応三年（一八六七）の大政奉還まで、歴代十五人の将軍が江戸城において天下の政を執り行った。

■正月の初登城風景。五節句や徳川家康が江戸に入府した記念の八朔（八月一日）を始め、毎月一日、十五日、二十八日は大名も旗本も正装で登城するのが決まりだった（増補江戸年中行事）

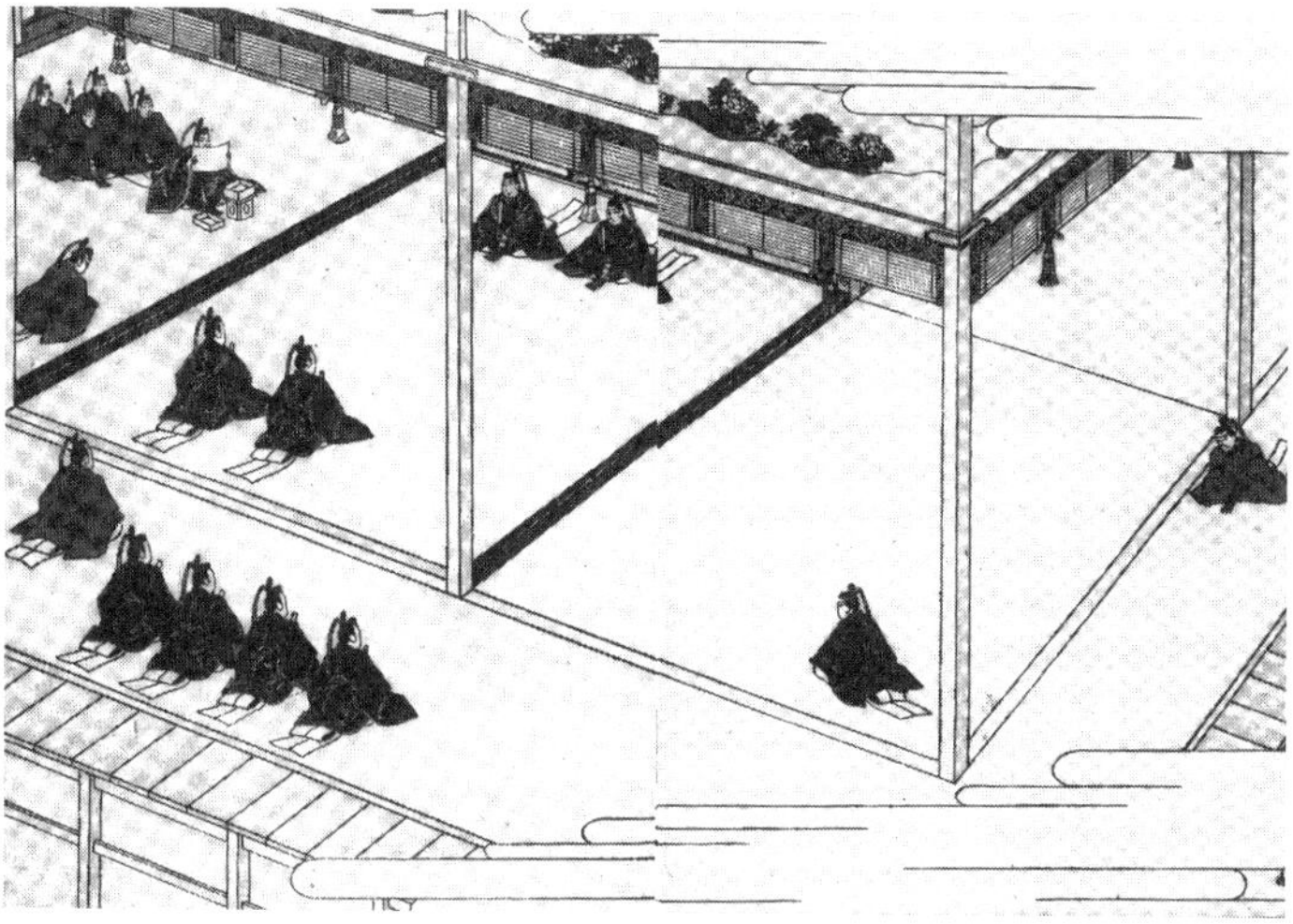

■本丸御殿の大広間で行われる将軍宣下の儀式。帝の勅命を記した文書を勅使が読上げ、新将軍が誕生する（徳川盛世録）

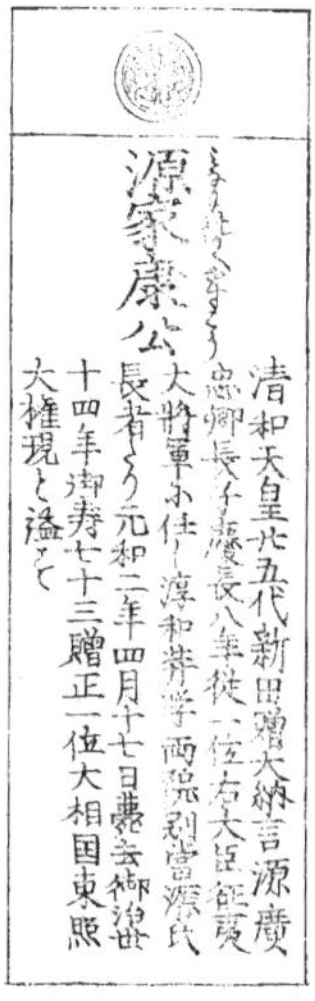
源家康公
清和天皇六十五代新田贈大納言源廣忠卿長子慶長八年従一位右大臣征夷大将軍ニ任シ淳和奨学両院別当源氏長者より元和二年四月十七日薨去御治世十四年御寿七十三贈正一位大相国東照大権現と謚す

■『永代節用無尽蔵』に載る初代将軍家康の事項。大納言源広忠卿長子、慶長八年従一位右大臣征夷大将軍、薨去され贈正一位とある。正一位は最高の位階。

将軍
●しょうぐん

江戸城は大別すると儀式などを行う「表」と「大奥」、その間にある「中奥」の三区画に分かれている。将軍が日常の政務を行うのは中奥で、執政衆から上がってくる案件を吟味して決済をする。中奥は食事も寝起きもする生活の場でもあった。

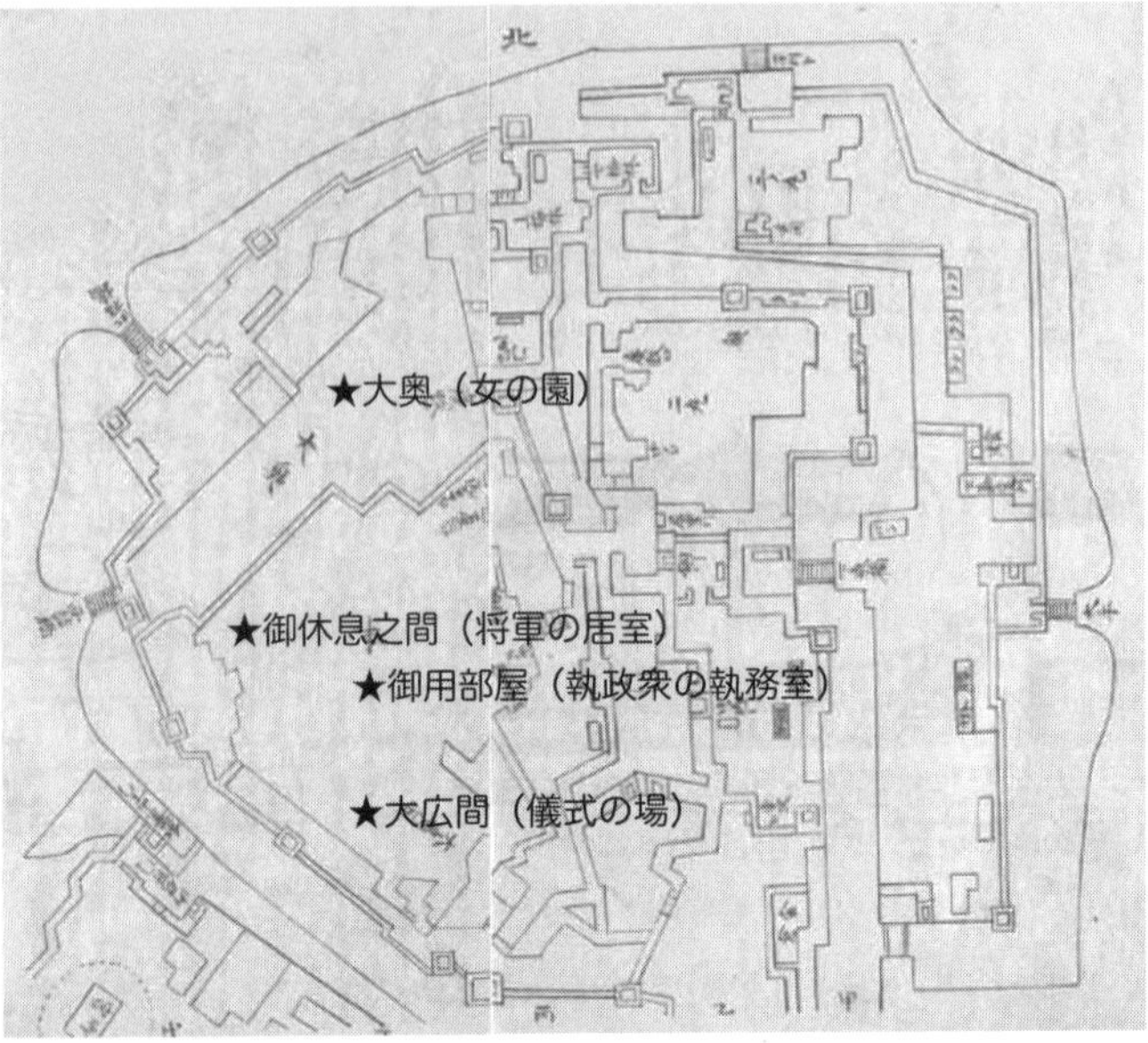

■江戸城の略図。政の一切は本丸御殿で行われた（守貞謾稿）

●ろうじゅう
老中

幕府で最高の権限を持つ将軍直属の役人が老中。今でいえば宮内庁も外務省も財務省も何もかも、国政のすべてを牛耳った。譜代大名から四、五人が任命され、執務は若年寄とともに城中の御用部屋で行った。名高い老中は近年評価が分かれる田沼意次《おきつぐ》、寛政の改革を断行した松平定信など。

●わかどしより
若年寄

徳川家の直参旗本や御家人を統括したのが若年寄。直参の役は番方《ばんかた》と呼ばれる書院番や小姓組、鉄砲百人組を始め、将軍の世話をする小姓衆や小納戸衆など、職域は多岐に亘る。

■単純な凶悪犯罪なら町奉行が担当。仮に事件の現場が寺や近隣農村にも及べば他の二奉行も出座して合議(鼠小紋東君新形)

三奉行

●さんぶぎょう

豊臣秀吉に天下の政を任せるといわれた石田三成他四人は「五奉行」。江戸時代に幕府の最重要政務を担ったのは三奉行。財政担当の勘定奉行、全国の寺社を管轄する寺社奉行、それに御府内町人地の行政に全権を持った町奉行。

社会の豆知識

■ドラマでは悪の権化のようにいわれる代官。賄賂どころか重税がもとで一揆に発展した例もある(画本早引)

代官●全国に散在する四百万石を超える幕府直轄の領地を支配した役人が代官。下っ端の旗本が一人数万石の領地を任され年貢の徴収を始め訴訟案件も処理。幕末の能吏江川太郎左衛門を輩出した伊豆韮山の江川家や関東六カ国を治めた伊奈家のように、世襲もあった。

社会
幕府

江戸の政治改革と立役者

徳川の長期政権下で大改革が三度。家康の開府以来百余年、財政破綻寸前になった幕府の危機を前に立上がった八代将軍吉宗の享保の改革。五十年後には老中松平定信の寛政の改革、さらに五十年後には老中水野忠邦による天保の改革。

享保の改革《きょうほうのかいかく》

享保期（一七一六～三六）に直面していた財政危機は三代将軍家光らの放漫経営に起因。そこで質素倹約を徹底し、諸大名からは領地一万石に百石の割で米の上納を課した「上米《あげまい》の制」を実施、幕府の金蔵にゆとりをもたらした。法令、判例集「公事方御定書《くじかたおさだめがき》」の編纂を始め、家の格に縛られずに役に就ける「足高《たしだか》の制」など、前向きな施策は枚挙に暇がない。

■享保元年七月十八日に下された「権大納言源朝臣吉宗」の将軍宣下の一部（徳川氏並諸家指物）

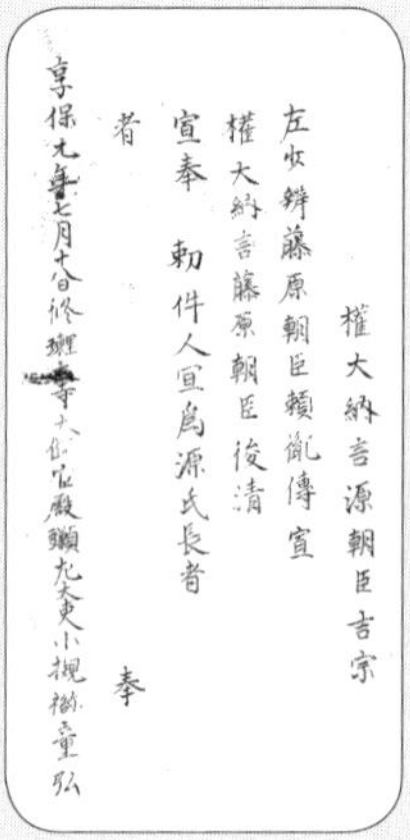
権大納言源朝臣吉宗
左少弁藤原朝臣頼胤伝宣
権大納言藤原朝臣俊清
宣奉　勅件人宜為源氏長者
者　奉
享保元年七月十八日

●八代将軍　徳川吉宗
享保元年 (1716) に就任、幕政改革に着手
【主な政策】
◆上米の制
◆農作物の国産化
◆人材登用の足高の制
◆公事方御定書制定
◆目安箱の設置
◆小石川養生所の設立
◆町火消の整備

寛政の改革《かんせいのかいかく》

悪評の高かった前の権力者、田沼意次時代の大らかな政策を全否定。幕臣の借金をチャラにする「棄捐令《きえんれい》」は結果の予測ができていない悪策だが、飢饉に備えて町の費用（町入用）を積立てる「七分積金令《しちぶつみきんれい》」や無法者の社会復帰の場、人足寄場《にんそくよせば》の設置などは良策。

天保の改革《てんぽうのかいかく》

天下の政は緊縮と緩和の繰返し。天災、飢饉、インフレと三拍子揃えばまず倹約。諸悪の根は奢侈《しゃし》であると時の老中水野忠邦が贅沢を慎み、倹約せよと大鉈《おおなた》を振るった。衣食住全般の贅沢を戒めるばかりでなく、諸芸能の規制を強化。江戸市中の寄席は一割以下に、宮地芝居は全廃。

■人気絶頂だった七代目市川團十郎は奢侈禁止令に背いたとして江戸追放（戯場訓蒙図彙）

■風紀を乱した咎で洒落本が発禁になり、手鎖《てぐさり》五十日の刑を受けた山東京伝（小野篁地獄往来）

●老中　松平越中守定信

■徳川吉宗の孫。天明7年(1787) 老中就任、寛政5年(1793)に辞任するまで改革を断行。

【主な政策】

◆幕臣の救済策棄捐令
◆飢饉対策の七分積金令
◆石川島に人足寄場を設置
◆学問統制の寛政異学の禁

●老中　水野越前守忠邦

■天保5(1834)年老中就任、改革は7年後の天保12年から。2年で失脚し改革は失敗に終わる。

【主な政策】

◆市場改革、株仲間の解散
◆文化の弾圧出版物の検閲
◆芝居、寄席の規制
◆岡場所の撤廃

社会
幕府

町を守る町奉行と町方の面々

◆日々のパトロールは精鋭の町方同心十二人

●町奉行《まちぶぎょう》

単に町奉行といえば将軍のお膝元、江戸の町人地で一切の権限を持った奉行のこと。幕府にとって重要な地方都市、京都、大坂、駿府にも地名を冠した同様の役職を設けた。また長崎奉行、佐渡奉行など、遠国奉行《おんごくぶぎょう》という役職もあるが、これは該当幕府領全域を掌握する重職。

■罪人が裁かれる町奉行所の白州（自来也説話）

江戸の市中は各町一丸となって怪しい人物の出入りを防いでいる。木戸番、自身番の目は防犯カメラのレンズ役。喧嘩口論果ては人殺しまで、事件が起きると町のネットワークが役に立つ。駆付けた町方同心は容疑者をひとまず番屋へ連れて行き、容疑が濃厚なら町奉行所で取調べ、自白が取れなくても「犯人」は入牢。その間証拠集めが行われ、材料が揃えばお裁きとなる。

凶悪犯を扱う火付盗賊改は捕縛の時点で切捨御免もあった。

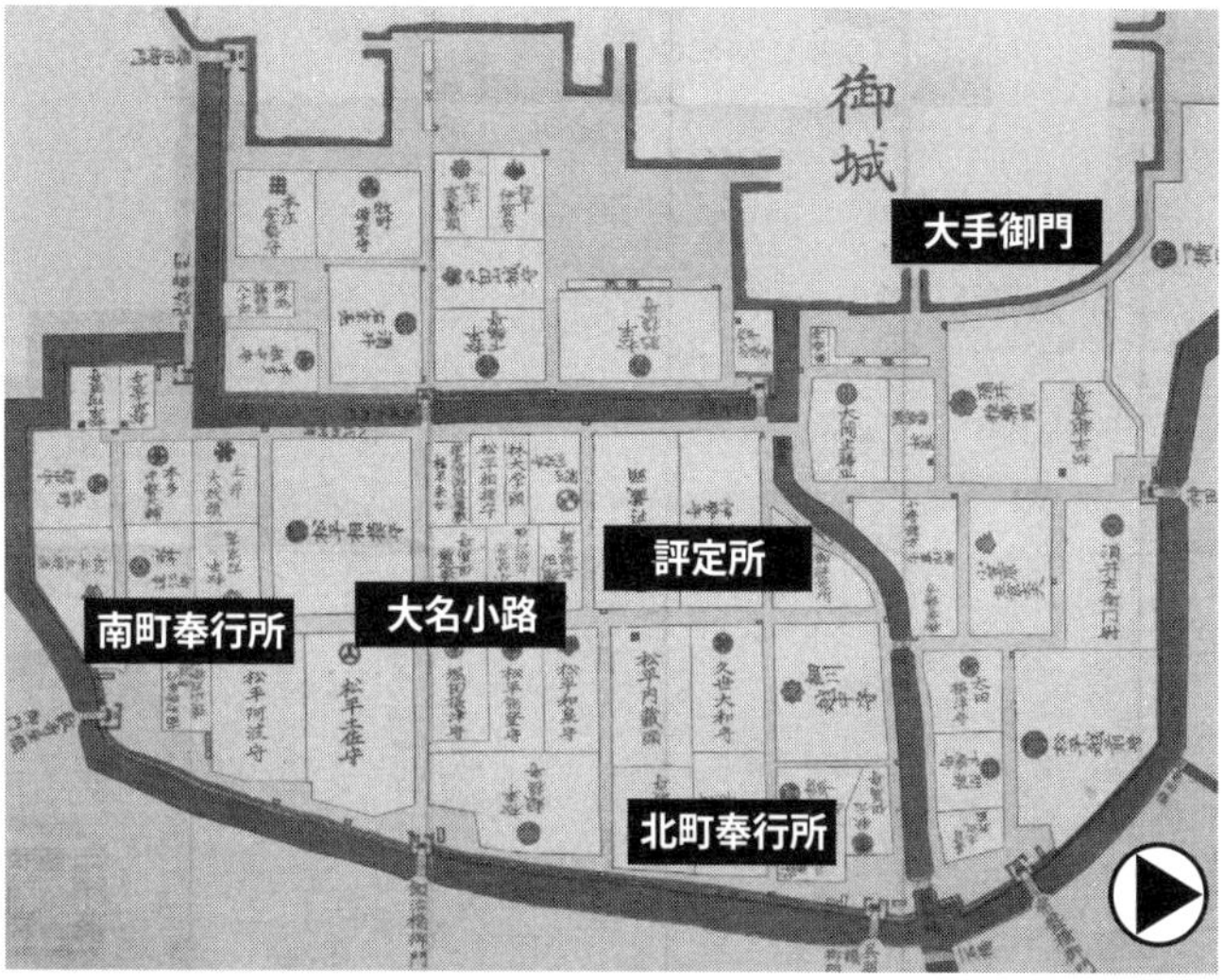

■数寄屋橋御門内の南町奉行所と呉服橋御内の北町奉行所。五代将軍綱吉の時代には中間の鍛冶橋御門内に中町奉行所もあった（江戸切絵図）

社会の豆知識

南町と北町●江戸の町奉行所は二カ所あったが、管轄エリアではなく役所の位置から南町奉行所、北町奉行所といった。市中全域を月番制によって南北交代で担当。当番に当たる奉行所が訴訟、請願を受理し、非番の奉行所は当番月に受けたものを精査したりした。南町で名高いのが大岡越前守忠相、北町は天保の改革時に老中の圧政方針に抗って男を上げたという遠山の金さんこと遠山左衛門尉景元。

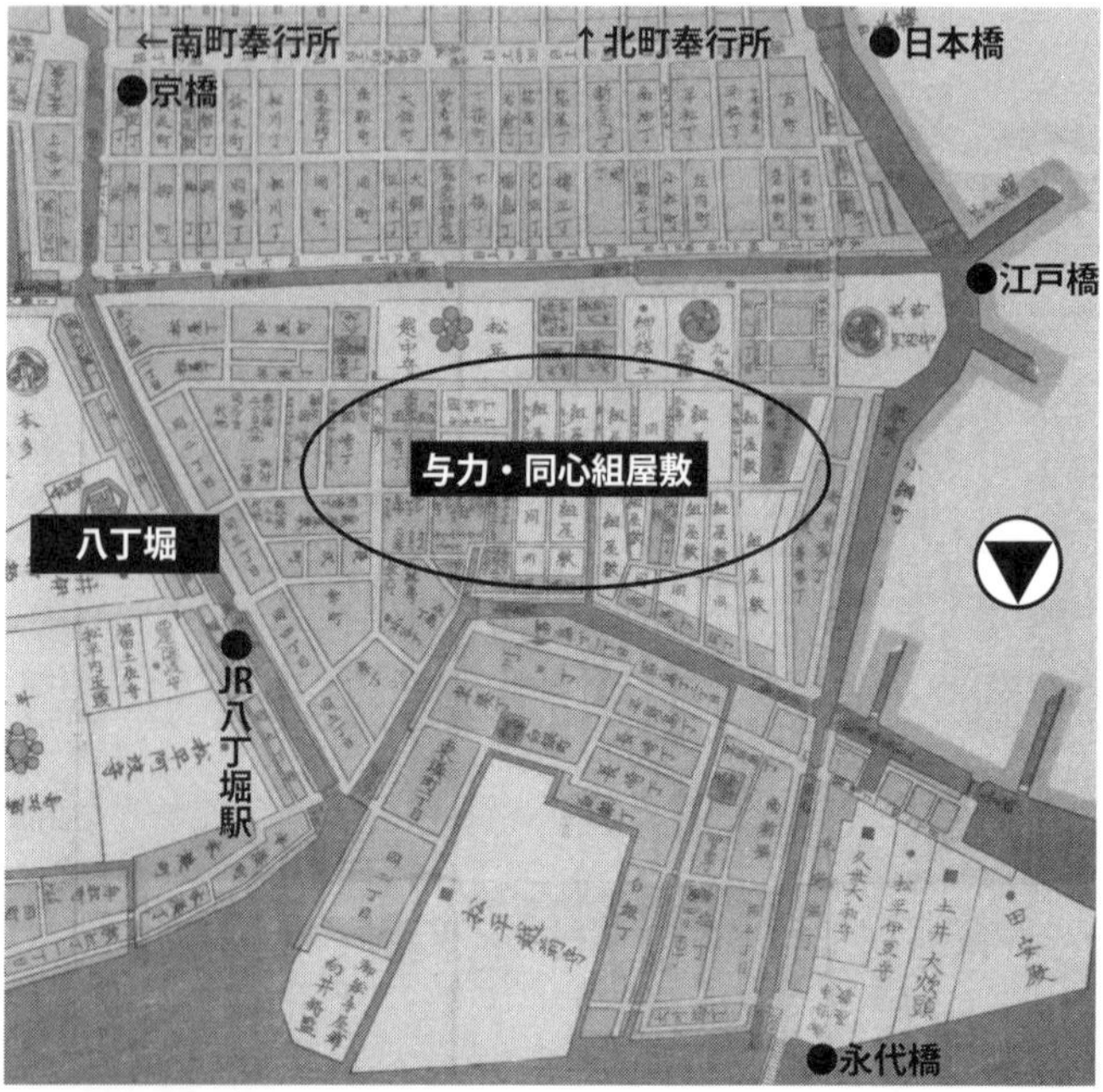

■町奉行所役人の拝領屋敷で占められる通称八丁堀。地域の北は与力、南は同心の屋敷にあてられた（江戸切絵図）

社会の豆知識

八丁堀●堀は江戸の初期に隅田川から京橋方面への船便用に開かれたもの。埋立てられて今はないが、八丁（約九百メートル）の長さがあったところから八丁堀。堀の北側は元は寺社地だったが、元禄年間（一六八八～一七〇四）以降、町奉行所の与力や同心の屋敷地となった。

与力
●よりき

江戸の町奉行に所属するのが町与力で、南北両役所合わせて五十名が勤務。このうち裁判に関わるのは吟味方《ぎんみかた》与力各十名、判例を調べる例繰方《れいくりかた》各四名が担当し、役所に詰めて執務。捜査員がもたらす情報を精査する検察の事務職といったところか。与力の身分は将軍に御目見《おめみえ》できない御家人で小禄、出世もない。

■騎馬が許された与力。ゆえに人数は一騎二騎と称する（諸職人物画譜）

同心
●どうしん

与力の下役が同心。内勤の与力について補助的な仕事をするが、花形の業務は単身の外回り。定町廻《じょうまちまわ》り、臨時廻り、隠密廻りとあり、いずれも市中を巡回する役。犯罪捜査や逮捕の重要な役だが、三役まとめて十余名にすぎず、江戸の町はとてもカバーできない。そこで活躍するのが岡っ引《おかっぴき》。

社会の豆知識

岡っ引●定町廻りの同心は南北両奉行所各六人。都合十二人で各々の分担地域を回り、自身番《じしんばん》に立寄り変事の有無を問い、事件が起きれば聞込み捜査もする。岡っ引は御用聞きとも目明しともいわれる土地の事情通で、頼りになる同心の手下。

■「御用の筋だが」と岡っ引（神事行燈）

火付盗賊改《ひつけとうぞくあらため》

民事も刑事も扱う町奉行所とは異なり、凶悪な刑事事案に特化した組織を統括するのが火付盗賊改。江戸市中の治安維持は本来町奉行所の役目だが、管轄が町民地の町民に限られ、武家や坊主には迂闊に手出しができなかった。そこを補い取締りができて、生捕りが原則の町奉行とは異なり「斬捨御免」も許された。長官は武門の役職先手頭と兼務。「お奉行」ではなく「お頭」と呼ばれるのはそこからきている。

■火盗改は歯向かう者には容赦がない（美少年始）

八州廻り《はっしゅうまわり》

正式名は関東取締出役、八州様とも呼ばれた。関東の八州、相模、武蔵、上野、下野、常陸、下総、上総、安房の国全域を取締る役職。領国支配は国単位が原則で、犯罪者が国境を越えると捕縛の権限がなくなるが、幕府領、大名領を問わず巡回できた。発足は江戸後期、無宿人や渡世人が跋扈し出した文化二年（一八〇五）。

社会の豆知識

犯科帳●池波正太郎の時代小説『鬼平犯科帳』がよく知られているが、犯科帳と捕物帳は別物。捕物帳は担当した者が奉行所に上げてくる捜査報告を記した帳面のこと。一方犯科帳は遠国奉行の一つ、長崎奉行所の幕初から幕末までの刑事裁判の判決記録。

百年の歴史がある「捕物帳」

捕物帳は大正時代に始まり、今も盛んな時代小説の一大ジャンル。何度も映像化され親しまれている代表は岡本綺堂《おかもときどう》作『半七捕物帳』、野《の》村胡堂《むらこどう》の『銭形平次捕物控』、横溝正史《よこみぞせいし》『人形佐七捕物帳』など。どれも江戸の下町に暮らす様子の良い親分（岡っ引）が主人公。

■二十年に亘って執筆された半七捕物帳シリーズの一編『朝顔屋敷』。

●ぜにがたへいじ 銭形平次

●投げ銭が武器の神田明神下の岡っ引、平次親分は野村胡堂作『銭形平次捕物控』の主人公。連作シリーズは昭和六年から三十二年まで、その間に出た短編は約四百。

●にんぎょうさしち 人形佐七

●「人形のように」美形な佐七は神田お玉ケ池（松枝町）の岡っ引。殺伐とした殺人事件が起きる推理小説で一世を風靡した横溝正史が戦時中から手掛けたのが『人形佐七捕物帳』。佐七が市中の事件の謎を解く。

●はんしち 半七

●岡本綺堂の『半七捕物帳』の主人公。三河町（神田）の半七で名が通る幕末の岡っ引。半七シリーズの第一作は大正五年（一九一六）で、捕物帳の元祖。

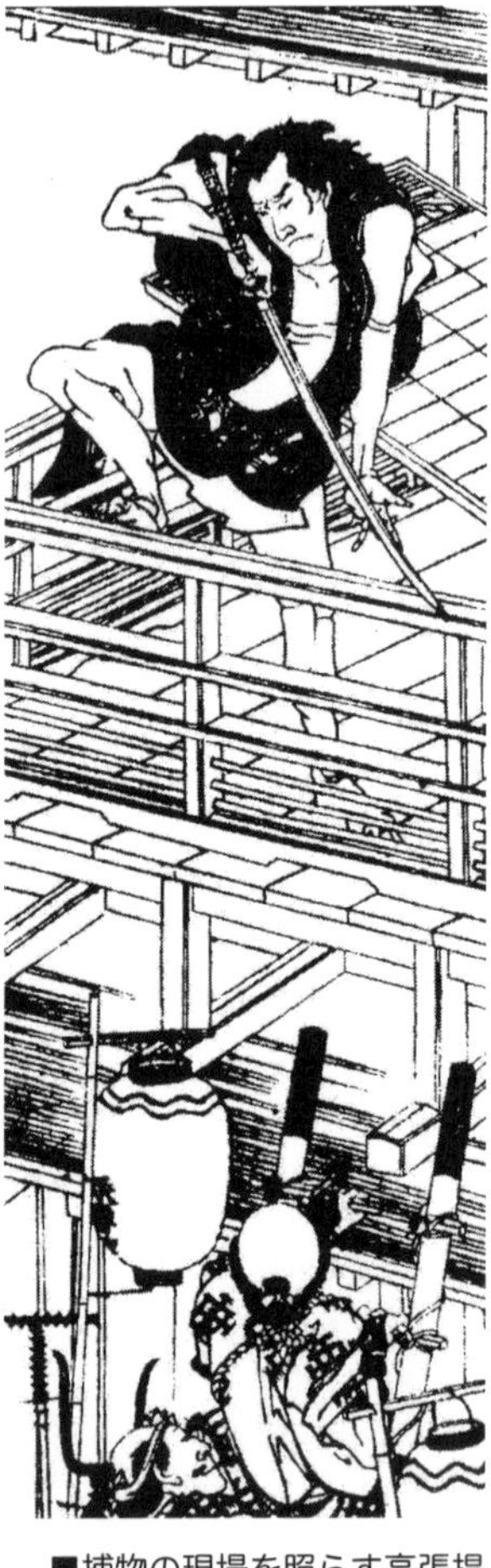

■捕物の現場を照らす高張提灯。捕り方が一斉に手に持って掲げるのは弓張提灯（絵本庭訓往来）

●とりもの
捕物

追っていた容疑者の居所が分かると出陣して捕縛、これが捕物。町奉行所の捕物は生きたまま捕えるのが原則。凶器を手に大暴れする輩《やから》には刺股《さすまた》、突棒《つくぼう》、袖搦《そでがらみ》など、どれも長柄《ながえ》の捕物道具で立ち向う。時には機動隊員の楯よろしく何挺もの梯子《はしご》で囲んで追込み、御用にする。逮捕して自白を得た上で刑の執行が決り事。

社会の豆知識

兇状持《きょうじょうもち》●兇状持は凶悪事件で手配中の犯罪者。殺人などの罪を犯して逃回っても公訴時効はないし捕まれば死罪は免れない。今なら凶悪犯でも刑期を終えれば「俺は前科者だ」と告白もできようが、江戸時代は不可能。そんな前科ならとうに本人は死んでいる。

十手《じって》

十手は町方の与力同心が懐中した、警棒と警察手帳を兼ねたようなもの。手にかざせば身分証、容疑者捕縛の際には武器になる。丸腰か短刀が相手の接近戦なら充分戦える。岡っ引はあくまで同心に私的に使われる身で捕物以外十手を持つ資格はないが、携行が黙認されたようだ。

■芝居の大捕物。提灯は御用と大書し、脇に小さく役所名を入れるが、劇では許されず紋所で代用（歌舞伎年代記）

社会の豆知識

人相書●捜査員が聞込みに使う顔写真のような似顔絵も人相書には違いない。正式なものは幕府の刑法「公事方御定書」によると、親殺しや奉公人の主殺し、関所破りなど、死罪確定の重罪のみに適用。お尋ね者の似顔絵に素性、罪状の詳細を添えた。

■町の自身番に置かれた火消道具と捕物道具。棒の先にU字形の部品が付いているのが捕縛用の三種の神器のひとつ、刺股（江戸土産）

番屋と大番屋

●ばんやとおおばんや

町の交番、自身番が通称番屋。不審人物への職務質問や簡単な取調べをする。怪しいとなれば町方同心が駆付け、本格的な事情聴取が要るようなら場を移す。ここで容疑者が連行されるのが江戸市中に数カ所あった大番屋。暴力的な自白の強要をもってしても屈しない輩は留置する。

■町方同心の定町廻りが巡回中に立寄る自身番。駐在するのは「巡査」ではなく半官半民の町役人(守貞謾稿)

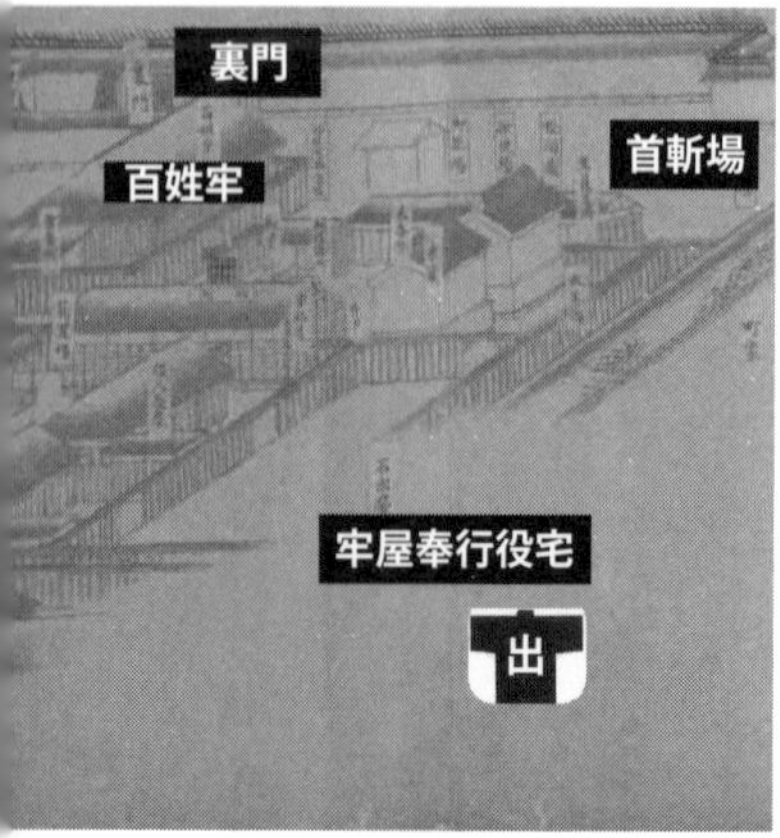

社会の豆知識

拷問●犯罪容疑が固まると入牢となり、取調べは過酷。笞打《むちうち》、石抱《いしだき》、さらに海老責《えびぜめ》と容赦なく段階を上げて痛めつける。ここまでは幕府の定めた法では拷問ではなく牢問《ろうどい》というが、本質から目を逸らす上手な言換えだ。最悪最凶の正式な拷問は天井から吊す釣責《つりぜめ》。

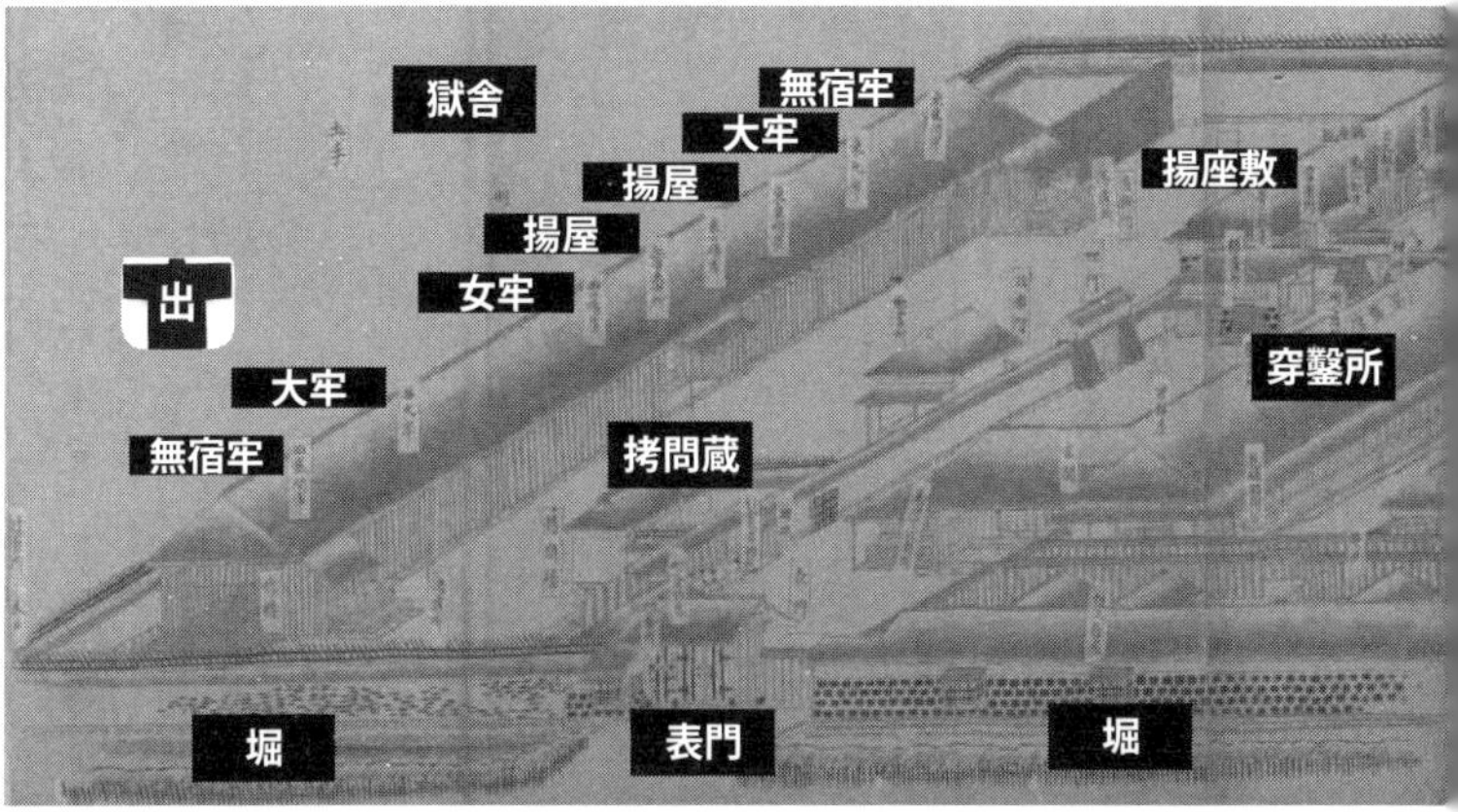

■伝馬町牢屋敷。管轄を問わず市中の犯罪者は皆入牢。獄舎の他、拷問蔵や取調べ用の穿鑿所などは別棟（新獄屋圖）

牢屋 ●ろうや

江戸時代の牢屋は判決が出るまで囚人を拘禁するところで、罪の償いをする刑務所ではない。各藩にも罪人を監禁する施設はあり、幕府直轄領では遠国奉行所や代官所に設置。江戸市中には大規模な牢屋敷が日本橋小伝馬町にあった。未決囚の拘留が主だが、斬首の刑は屋敷地で行った。

社会の豆知識

伝馬町牢屋敷●幕初から明治初期まであった江戸の牢屋で、代々石出帯刀《いしでたてわき》を名乗る通称牢屋奉行（囚獄《しゅうごく》）が幕末まで支配。奉行の役宅も含めて屋敷は二千六百余坪と広大。町人百姓は大牢、百姓牢、直参でも旗本は揚座敷《あげざしき》、御家人は揚屋《あげや》と獄舎は身分で部屋を分けていた。幕末の吉田松陰は揚屋入り、高野長英は百姓牢。

追放以外はどれも痛い、江戸の刑罰

●さばき
裁き

裁き、つまり判決を下す裁判長は町奉行だけではない。寺社勘定の両奉行、各地に赴任した遠国奉行や代官も支配地の事件を裁いた。落語の『てれすこ』では頓智を利かせて役人を騙した男に長崎奉行が打首を言渡している。

■法廷はご存じ「白州」。権限は絶大だが、死刑宣告は奉行の一存ではできず、老中にお伺いを立てる（鼠小紋東君新形）

江戸時代の刑罰は大別すると死刑、遠島、追放刑の三つ。追放は立入りを禁じる地域を居住地からの遠近で刑の軽重を定めている。磔《はりつけ》や火《ひ》焙《あぶり》と打首だけならまだしも、斬首に三段階の刑罰がある死刑は理解し難い。現代との相違で甚だしいのは、例えば殺人。誰か一人を殺めたらその事実一点で裁かれる訳ではない。侍か庶民かといった殺人者、被害者の身分関係が重要。さらに身分は同じでも主従関係は重大問題。主殺しは重罪で、町人でも奉公人が主を殺せば磔になりかねない。

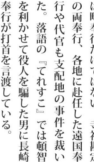

■御定書「盗人御仕置之事」に書いてあるんだ、十両盗めば首が飛ぶってな。観念しろ（即席耳学問）

公事方御定書《くじかたおさだめがき》

御定書百箇条ともいわれる江戸幕府の基本法。徳川吉宗が八代将軍に就任後すぐに命じ、初代担当者の町奉行大岡忠相から幾人もに引継がれて退位前に完成。新法の立案というより、量刑の目安にする判例の集大成で、閲覧が許されたのは三奉行のみ。

社会の豆知識

評定所●町奉行、勘定奉行、寺社奉行の三奉行で評議した幕府最高の裁判所だが地裁、高裁の上に位置する最高裁ではない。そもそも町奉行のお裁きに異議があっても控訴は不可。扱う事案の特徴は原告被告を管轄する役所がまたがること。

■『江戸切絵図』の大名小路絵図に載る評定所。周囲は大大名の上屋敷が占めている。

●けいばつ
刑罰

江戸時代は似たような罪を犯しても武家か庶民かで科せられる刑罰は異なり、幕府直轄領か大名領かで差異はあった。現代との大きな違いは懲役刑がないこと。重い順に死刑、島流し（遠島）、追放刑とあって、各々細かく刑の重さが分かれている。死刑の軽重でいえば「獄門」「死罪」「下手人」は皆首を刎《は》ねる点では同じだが、処刑後の扱いに差がある。死刑囚には厳しいが、追放処分は今の感覚では刑事罰とは思い難い。最も軽い所払《ところばらい》は居住の町から出て行けというものだ。

■侍だけに許された切腹。侍の死刑には斬首もあるが、切腹は自殺の体で行うことで名誉を重んじたとされる（画本早引）

江戸の豆知識

人足寄場●隅田川の河口石川島に設けた無宿人の収容施設。鬼平こと火付盗賊改の長谷川平蔵の尽力で寛政二年（一七九〇）に完成。収容者がここで手仕事を覚え、真っ当に生きられるよう道筋を作った。懲役刑執行の場の先駆といえる。

少年法●現行法では二十歳未満の者が対象だが、江戸時代は元服の時期に当たる十五歳が境。殺人や放火を犯せば十六歳以上なら確実に死刑だが、十五歳未満なら遠島になる。芝居で有名な八百屋お七はわずか十六、惜しいところで火焙の刑。

■江戸払のポイントの一つ、四谷大木戸。追払われた先には賑やかな宿場、内藤新宿が控えている（絵本江戸土産）

■高輪を過ぎて品川へ入れば江戸払の刑に服してますよとなる。上野下野（群馬栃木）を越えて北へ行くなら立派に重追放だ（奥羽道中膝栗毛）

●追放刑《ついほうけい》

幕府は「公事方御定書」で六種類の追放刑を規定し、指定エリア内への立入りを禁じた。重い順に重追放、中追放、軽追放、江戸十里四方追放、江戸払、所払。危ない奴は江戸から失せろと解釈出来る妙な法である。

江戸の豆知識

江戸払●追放刑の江戸払に規定された江戸の範囲は、御定書に曰く「品川、板橋、千住、本所、深川、四ツ谷大木戸より内」。東海道の品川、中山道板橋、奥州・日光街道千住、甲州街道内藤新宿の四宿を結んだラインの内側ということ。一段重い江戸十里四方追放は日本橋から半径五里の円の外側へ追放。

●えんとう

遠島

死刑に次ぐ刑罰が遠島。財産没収の上、離島に送る刑で江戸からは伊豆七島、大坂の牢に集められた京坂以西の罪人は隠岐や壱岐に送られた。恩赦がなければ帰郷は叶わず、島抜《しまぬけ》は発覚すると死罪だが、流刑地での強制労働はない。

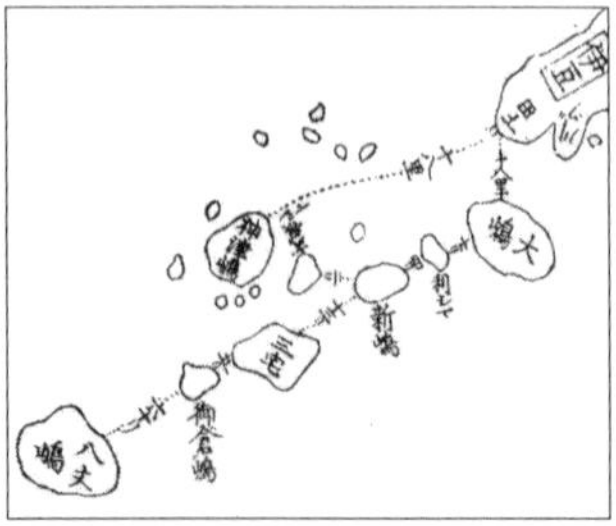

■江戸から流人が送られる伊豆七島。流人船は風待ちのため一旦三宅島に寄港してから八丈島へ向う。八丈島送りの者も下船して出航まで過す（永代節用無尽蔵）

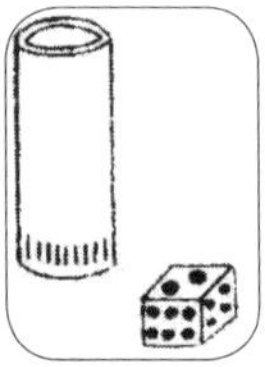

■博打の罰は島流し（頭書増補訓蒙図彙）

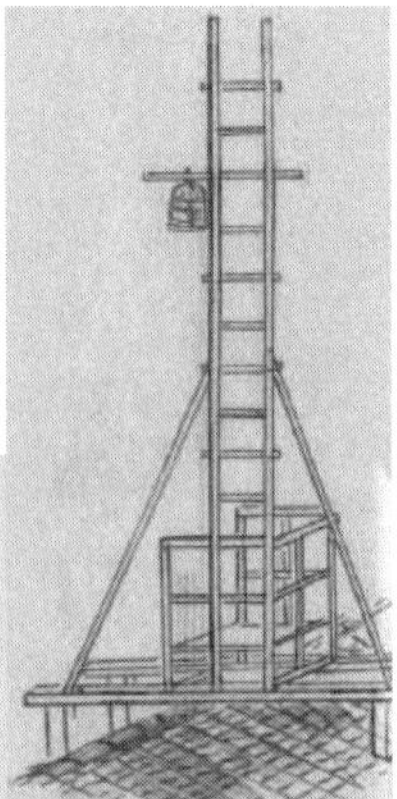

■各町の防犯を担う自身番の屋上に作られた火の見櫓。火事でもないのに半鐘を打つのは遠島処分を受ける重罪（守貞謾稿）

社会の豆知識

め組の喧嘩●芝神明の境内で起きた火消と相撲取りの大乱闘「め組の喧嘩」の裁判には意外なオチがある。町方案件の町奉行、興行を仕切る寺社奉行に勘定奉行も加わった法廷は評定所。早鐘《はやがね》を打って騒ぎを煽った者を始め、判決は両サイドとも追放刑だが、自然に鳴ったお前が悪いと鐘には三宅島送りのきつい罰。鐘は維新後赦免、現存する。

軽犯罪の罰

日常生活が不自由になる手鎖は長くて三月《みつき》の辛抱。敲は瞬時に解放されるものの、痛い。入墨も「刑期」はないが前科者の印が残り、消せば消したで罪に問われる。

■強盗は打首、不備な戸締りに付込む空巣は百敲、入墨の上釈放（百人一首和歌誂）

●てぐさり 手鎖

行動の自由を奪う庶民だけに課せられた刑罰。三十日手鎖、五十日、百日とあり、その間手錠のまま謹慎。定期的に封印改《ふういんあらため》があり破れば重罪。

●たたき 敲

牢屋敷の前で牢屋同心が肩背中尻を笞《むち》打つ敲は庶民の男のみ。軽敲は五十、重敲は百。追放刑などに付加されることも多い。十両以下の盗みは入墨の上、敲刑。

●いれずみ 入墨

軽い盗みや詐欺に適用されるのが墨刑、いわゆる入墨は仏の顔も三度で死刑になる。江戸大坂は腕輪状、京は上腕に短い縦線と入れる場所と形は奉行所で異なる。

■真っ当な市民がするのは入墨ではなく彫物(質屋すずめ)

極刑の色々

生命を断つ刑罰は一種類ではない。恐ろしい順に挙げると鋸挽《のこぎりびき》、磔《はりつけ》、獄門、火罪（火焙）、死罪、下手人。ただし、鋸挽は名前だけで実態は磔とほぼ同じ。

■下手人の首。磔、火焙以外は皆首になる（戯場訓蒙図彙）

●下手人《げしゅにん》

普通は手を下した人殺しをいうが、最も軽い死刑の名でもある。御定書には首を刎《は》ね、死骸は取捨てるが様斬（試し切り）には付さないとある。

●死罪《しざい》

どれも死罪だろうがと言うなかれ、幕府の法では下手人に次ぐ死刑のこと。財産が没収され打首の後に様斬《ためしぎり》、市中引廻しもあった。

●獄門《ごくもん》

かつては牢獄の門に首を吊るしたところから獄門という。江戸時代は牢内で処刑した後、罪人の首を晒す重い刑罰。江戸では小塚原か鈴ヶ森の刑場に三日間晒された。

●市中引廻し《しちゅうひきまわし》

「引廻しの上打首獄門！」は時代劇でお馴染みの科白。これは単独の刑罰ではなく、死刑の中でも重い死罪以上の獄門、火罪、磔に付加されることがあるオプション刑。

よろず民事の解決法

奉行所は超多忙、民事裁判は示談が基本

裁判には刑事裁判に当たる「吟味筋《ぎんみすじ》」と民事の「出入筋《でいりすじ》」と江戸時代にも二通りあった。

民事は金銭トラブルにまつわる「金公事《かねくじ》」とそれ以外の「本公事」とに分かれ、手続きが若干違った。本公事が扱うのは田畑の用水利用、境界問題から婚姻、相続まで多岐に亘る。被告原告で支配違いがあれば三奉行で協議する評定所案件になるのは吟味筋と同じ。町人同士が拾得物で揉める『三方一両損《さんぽういちりょうぞん》』は江戸町奉行が裁く民事裁判。

●公事宿《くじやど》

訴訟を抱えて地方から江戸へ来る人を泊める旅籠。物見遊山の客相手ではないからか、食事は粗末で宿賃は安い。公事専門の百姓宿と商用の客も泊める旅人宿があった。

●公事師《くじし》

公事宿の主人や番頭は宿屋業務の他に民事裁判にまつわる手続きの代行を兼ねる公事師。役所への書類送付は正規の仕事だが、書面の代筆や勝訴のための助言もした。

■民事裁判は訴人(原告)が訴状を持って奉行所、代官所へ訴え出ることから始まる（画本早引）

●りえん
離縁

離縁には亭主からの離縁状が不可欠で、妻側は書けないのが決り。離婚問題は親類や仲人を交えて協議の上決着が普通だったが、どうしても書状をもらえない時の最終手段は縁切寺（駆込寺）。一定期間寺で過せば強制的に離縁できるが、それでも離縁状は要った。

●ふぎみっつう
不義密通

不義密通が発覚しても今なら離婚問題に発展するのがせいぜいだが、江戸時代は極刑が待っていた。妻を寝取られた夫が訴え出れば妻も相手も死罪と御定書にある。お上による処刑ばかりでなく、夫自ら手を下すのも許された。ただし、夫の不貞には適用されなかった！

■祝言が済まない男女の関係はただの密通。「不義」ともなればまさに命懸け（画本早引）

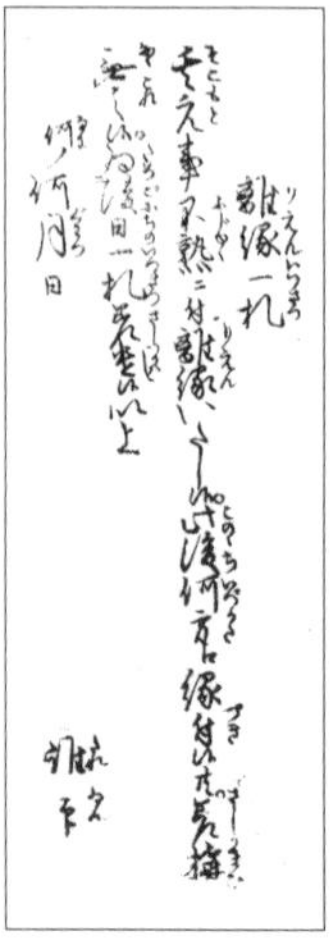

■慣例の書式から「三行半《みくだりはん》」と呼ばれる離縁状の雛形。この先どこへ縁付いても構わない旨が記され、妻は再婚が可能になる（農家調宝記）

社会の豆知識

示談金●不義密通の件は役所に訴えて世間に恥をさらすより、実際には示談金で解決することが多かったようだ。金額の相場は七両二分。これは金貨十両の通用価格に相当するが、「盗まれた妻」の代償として果たして高いのか安いのか……。

勘当

●かんどう

親が子との縁を断つ勘当は法的な効力を持つ公式なものと非公式なものがある。公式は奉行所に届け出て帳簿に記載されると人別帳から除かれ、完全な縁切りとなる。親からすれば不出来な息子が借金をしても犯罪者になっても連帯責任を免れた。

■放蕩三昧の息子を懲らしめる意味で行うのは非公式な「内証勘当」。改心したら戻ってもよし、と（人情腹之巻）

相続

●そうぞく

武家の相続は家名と俸禄《ほうろく》を先代から引継ぐ重大事。庶民は農家は田畑、商家なら商いの一切の権限、財産を通常跡取息子が相続する。勘当されると権利はなくなるし、そうでなくても次男三男に相続の資格はない。

■子がまともならご隠居は太平楽な日々（諸職人物画譜）

社会の豆知識

隠居●退職して自侭《じまま》に生きる人を隠居呼ばわりするが、江戸時代は子供に戸主の座を譲り、家督相続を済ませた身分をいう。人別帳での戸籍筆頭者は跡継ぎの名になり、本人は家族や使用人らとともに併記。武家では当人の意思に関わりなく若くして隠居に追込まれることもあった。

社会

民事

江戸を守る火消の面々

半鐘が鳴れば飛び出す、鯔背《いなせ》なファイアーファイター

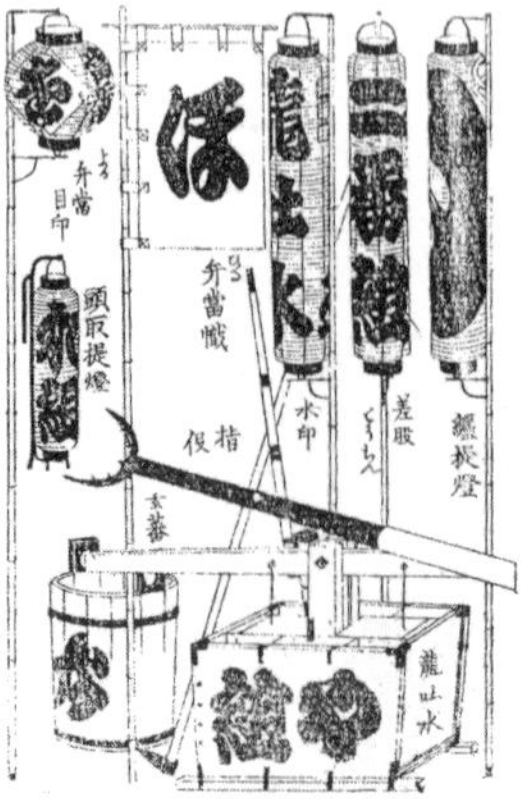

■自身番に備えた火消道具。箱とポンプを組合せた竜吐水《りゅうどすい》で消火、鳶口《とびぐち》で家を壊して延焼を防いだ（江戸土産）

明暦の大火《めいれきのたいか》

御府内最大の火事は明暦三年（一六五七）の正月。山の手の本郷から火が出て武家地も町人地も焼き尽くし、消失した市街地は六割。十万人もの死者が出たという。城も西の丸を残して全焼、天守閣の再建はなかった。

江戸時代は京坂江戸で防火体制が違った。江戸は吉宗の時代に町火消の制度を整え、御府内全域を網羅。原則武家地周辺は旗本の定火消《じょうびけし》や大名火消、町場は細かく六十余組に分けた町火消が担当。商いの町大坂は五組の町火消のみ。幕府の重要施設大坂城はもちろん、町中に散在する大名の蔵屋敷は「自己責任」。応仁の乱以来という天明の大火があったが、小規模火災は少なかったせいか、京都は町火消もない。『守貞謾稿』には、京都の火事は淀城主稲葉長門守、亀山城主松平豊前守、膳所《ぜぜ》城主本多壱岐守が、それぞれ都に置いた家臣や火消人を率いて出動し、消火に当たるとある。

大名火消《だいみょうびけし》

広大な面積を占める武家地に正式な消防組織として誕生したのが大名の消防隊、所々火消《ところどころびけし》。諸大名は江戸屋敷一帯の消防が義務づけられていたが、本丸が全焼する大火の後、寛永二十年（一六四三）に正規の火消制度が発足。小大名十六家が役を命じられ、江戸城及び周辺の消火に当たった。

定火消《じょうびけし》

明暦の大火の翌年、旗本に任じた幕府直属の火消部隊が定火消。当初は四組、五十年後に駿河台、四谷門内、八代洲《やよす》（八重洲）河岸、赤坂溜池を始め十カ所に火消屋敷が置かれ、城の周辺は概ねカバーできた。歌川広重は八代洲河岸の屋敷で生まれ、勤務した元定火消同心。

■武家の火事装束、兜頭巾。錏《しころ》は羅紗地に金糸で縫いとりをして紋様を付ける華美なもの（商売往来絵字引）

社会の豆知識

加賀鳶《かがとび》●大名屋敷の表門は藩の顔、焼け落ちれば咎めを受ける。自邸の防火は当然だが、近隣を守る「近所火消」と呼ばれる義務もあった。前田家お抱えの火消チーム、加賀鳶は華麗な装束に身を包み、近隣とは言い難い湯島聖堂辺りまで出動したとか。

■すっぽり被る目出し帽のような、火事頭巾の猫頭巾（商売往来絵字引）

●まちびけし

町火消

旗本主導の定火消だけでは賄いきれない市中の火事に、町人の手を借りた組織作りをしたのが町奉行大岡越前守。越前の采配で生まれたのが御府内を網羅する町火消で、地域ごとに持ち場を定めた「いろは四十八組（当初は四十七組）を江戸城の堀の周囲に設定。

■町火消の中で一番人気は勇みの男、纏《まとい》持ち（商売往来絵字引）

社会の豆知識

鳶●江戸時代はいわば破壊消防。飛び火を防ぐため、火元はもとより風下の建物を水をかけながらどんどん壊す。そのために必要だったのが鳶口。材木の運搬などに使う道具で単に鳶ともいう。鳶職の名はここから来ている。

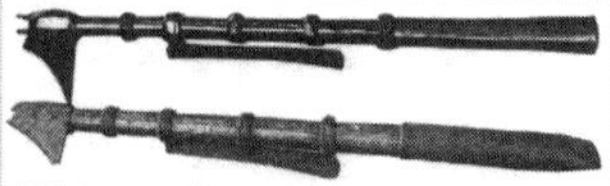

■破壊消防に使った鳶口。棒の先に鳶の嘴《くちばし》に似た鉄製の鉤《かぎ》が付いていて、木造建築の壁も扉も容易く壊していった（江戸あきない図譜）

●いろはしじゅうはちくみ

いろは四十八組

町火消は「いろは歌」にあるように四十七組編成で始まったが、「ん」を加えて四十八組となる。ただし、言い難いため「本組」とした。組名の言換えは他にもある。屁火摩羅《まら》が連想されるからか「へ」「ひ」「ら」はそれぞれ百、千、万と変更。

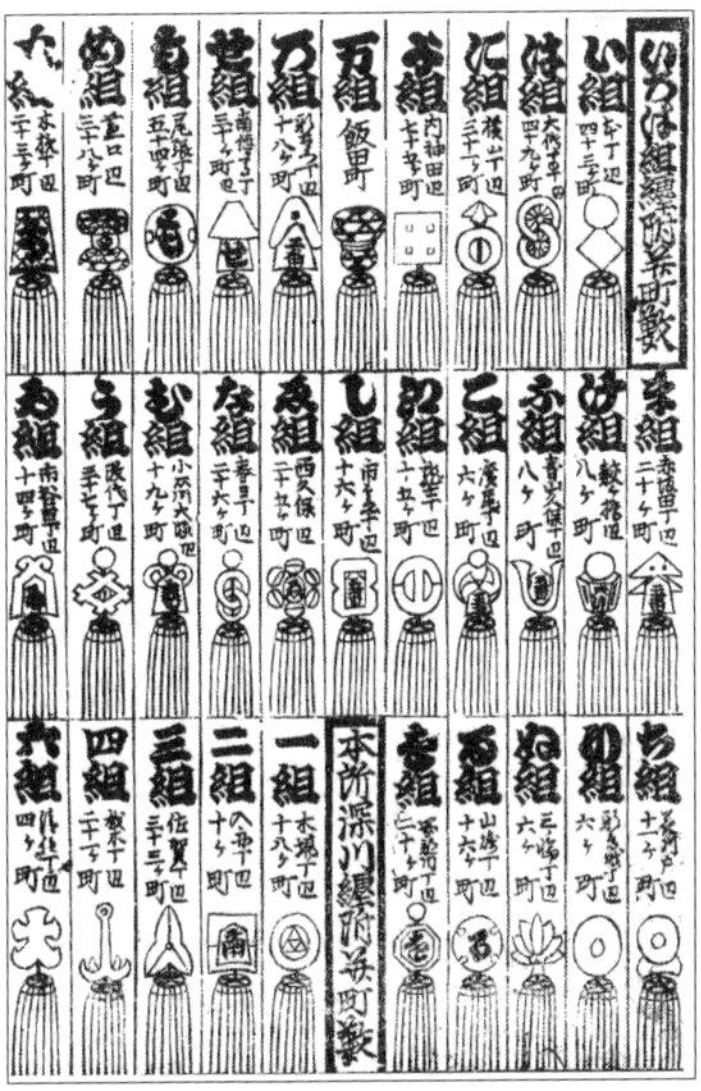

■『御江戸町尽』所載のいろは組纏一覧。主要な担当地名と町数を添えている。

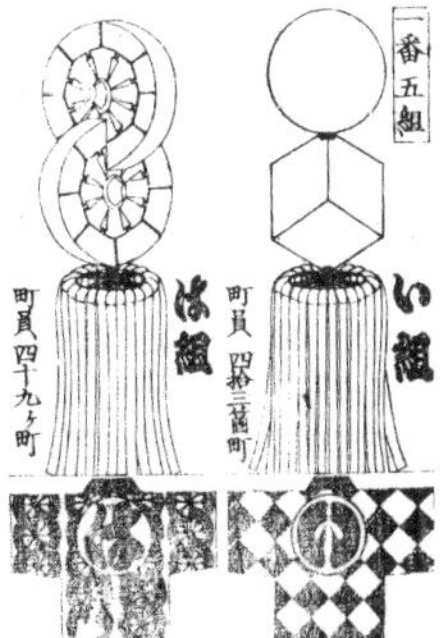

■「い組」「は組」の纏と半纏。い組の出しの○は芥子粒《けしつぶ》、□は枡で「消します」の駄洒落との噂（江戸土産）

●まとい

纏

戦で使われた信玄の旗印「風林火山」、秀吉の馬印《うまじるし》「千生瓢箪《せんなりびょうたん》」のように、纏は組のシンボル。組ごとに趣向を凝らした「出し」の下に紐状の「馬簾《ばれん》」を付けた。消火の役には立たないが、纏は火消の心意気を示した大切な道具。家が焼け落ちるまで、火がかりしている組の纏は屋根上で舞った。

侍にまつわる豆知識

時代小説やドラマで頻繁に出てくる侍用語の基礎知識をピックアップ。知らなくても話の理解に支障はないが、知っておいて損はない。

武家の官位《ぶけのかんい》

三大改革の大岡越前守、松平越中守、水野越前守。皆国名のあとに守が付く。これは律令制の官職名を引き継いだもので、織田信長が名乗った上総介《かずさのすけ》もその一つ。守や介はいわば地方長官、大納言、中納言などは中央の官職名で、本来は朝廷から位を授かって相応の職に任官して初めて名乗れた。江戸幕府開府後の実情は通称のようなものだが、位に応じた名乗りではあるので小藩主が少納言などはあり得ない。

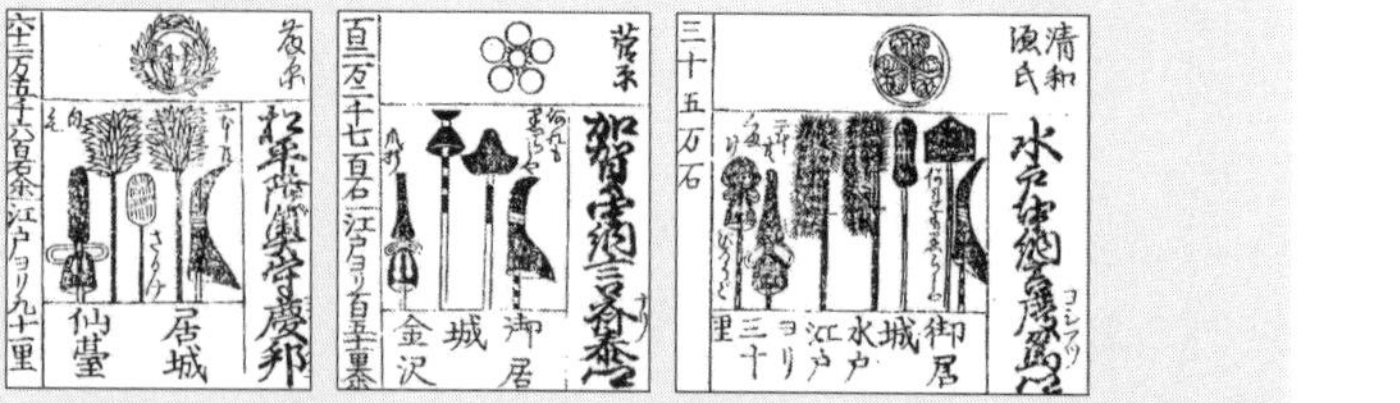

■武家の紳士録、武鑑には官位込みで名が記される。右から水戸中納言慶篤、加賀中納言斉泰、松平陸奥守慶邦（永代節用無尽蔵）

部屋住《へやずみ》

暴れん坊な徳田新之助なる侍がよく口にする、旗本の三男坊で部屋住の身分云々。いずれ家督を相続する嫡男も未婚なら部屋住というが、次男以下は肩身が狭い。独身のまま一部屋もらって親掛り、兄掛りの身分で生涯を終える。

三一

●さんぴん

時代劇で「この三一野郎」と蔑まれる俸禄の少ない貧乏侍のこと。年収が三両一人扶持の三一侍、略して三一。一人扶持の方は一カ月に玄米一斗五升、一日あたり五合支給される扶持米《ふちまい》のこと。二人扶持なら三斗になるが、家族を養うのは困難。

■寺子屋の師匠になって日向の道を歩む浪人もいた（頭書増補訓蒙図彙）

浪人

●ろうにん

仕える主を失った元侍が浪人。三代将軍家光の頃には、恣意的に潰された藩で大量の浪人が出たが、再仕官の先を探す「就活中」の体で帯刀は見逃されていた。外見は侍風でも身分は庶民、なにかあれば町奉行所の手がのびる。

仇討

●あだうち

仇討には条件があった。家臣と主君、親子、兄弟などの関係で目下とされる者が目上の恨みを晴らす場合のみ許されて、逆はない。せっかく巡り会った仇に殺されてしまうのが返討《かえりうち》。

■仇討には事前に届出が要る。申告しておけば助太刀も可能（画本早引）

参考資料

＊あかん三才図会　＊永代節用無尽蔵　＊咥多雁取帳　＊頭書増補訓蒙図彙
＊富嶽百景　＊絵本庭訓往来　＊守貞謾稿　＊女遊学操鑑　＊女大学
＊人倫訓蒙図彙　＊萬世古状揃　＊盲暦張交帖　＊今様職人尽歌合
＊奥羽道中膝栗毛　＊画本早引　＊狂言画譜　＊諸職人物画譜　＊宝船桂帆柱
＊旅行用心集　＊川柳江戸名物図絵　＊萬図節用　＊木曾路名所図会
＊江戸名所図会　＊北斎道中画譜　＊美少年始　＊絵本続江戸土産
＊江戸切絵図　＊徳川盛世録　＊両點庭訓往来　＊浮世床　＊商売往来絵字引
＊絵本江戸みやげ　＊絵本士農工商　＊民家育草　＊戯場粋言幕の外
＊萬物雛形画譜　＊女用訓蒙図彙　＊日本物産字引　＊北斎画譜
＊近世奇跡考　＊寛永通宝見本帖　＊新造図彙　＊小野馬鹿村譃字尽
＊昭和古銭価格図譜　＊江戸あきない図譜　＊萬代大雑書古今大成
＊家内安全集　＊串戯二日酔　＊神事行燈　＊東海道中膝栗毛　＊質屋すずめ
＊浮世風呂　＊近世職人尽絵詞　＊山海名物図絵　＊成形図説　＊国芳雑画集
＊都風俗化粧傳　＊戯場訓蒙図彙　＊春色恋染分解　＊世志此銭占

＊素人庖丁　＊童子専用寺子調法記　＊包結図説　＊曙草紙
＊明和後期吉原細見　＊人情腹之巻　＊弘化二年吉原細見　＊客者評判記
＊東都歳事記　＊狂歌倭人物初編　＊早引漫画　＊纏いろは組ひながた
＊増補江戸年中行事　＊鼠小紋東君新形　＊徳川氏並諸家指物
＊小野篁地獄往来　＊自来也説話　＊半七捕物帳　＊歌舞妓年代記
＊江戸土産　＊新獄屋圖　＊即席耳学問　＊絵本江戸土産　＊百人一首和歌詤
＊農家調宝記　＊御江戸町尽　＊徳川禁令考

あとがき

世の中がひっくり返る受難の年。鴨長明《かものちょうめい》の『方丈記』を読む。中学生の頃から彼の庵生活に憧れた身にはひっそり暮らすのは御手の物で、四六時中江戸っ子気分で執筆に勤しむ日々。

飢饉、大火、疫病。これは大昔から繰返された人知の及ばない出来事だが、それぞれの時代に応じて策が練られ、実行し、今日がある。本書では触れなかったが、江戸後期に流行ったインフルエンザでは江戸の御府内で数万の死者が出た。時の為政者はちゃんと一時給付金（御救金《おすくいきん》）を出している。いざという時の備蓄システムを町役人に任せて運営させるなど、やるべきことはやっている。

面白さを優先して嘘が混じるのも結構、時代物のフィクションは楽しければそれで良い。『鬼平犯科帳』の時代にできた人足寄場《にんそくよせば》に軽犯罪者を送る判決を大岡越前守が下す。島送りにするのはしのびないという越前守の温情だ。もし「人足寄場」の言葉が頭の隅に残ったなら、本書を御覧あれ。ちゃんと載ってます。

二〇二一年正月　　著者

索引

著者
飯田泰子（いいだやすこ）　東京生まれ、編集者。

企画集団エド代表。

江戸時代の庶民の暮らしに関わる書籍の企画編集に携わる。

主な編著書は『江戸あきない図譜』『江戸あじわい図譜』『江戸いろざと図譜』（以上青蛙房）。

『図説 江戸の暮らし事典』『江戸萬物事典』『江戸商賣絵字引』『江戸落語図鑑　落語国のいとなみ』『江戸落語図鑑２　落語国の町並み』『江戸落語図鑑３　落語国の人びと』『江戸落語事典』『図説 江戸歌舞伎事典１芝居の世界』『図説 江戸歌舞伎事典２　役者の世界』『江戸の仕事図鑑』（以上芙蓉書房出版）など。

暮らしと遊びの 江戸ペディア
2021年2月26日　第1刷発行

著　者　飯田泰子
発行所　㈱芙蓉書房出版（代表　平澤公裕）
〒113-0033 東京都文京区本郷 3-3-13
TEL 03-3813-4466 FAX 03-3813-4615
http://www.fuyoshobo.co.jp
印刷・製本　モリモト印刷
 ISBN 978-4-8295-0807-7

【芙蓉書房出版の本】

江戸の仕事図鑑　全2巻

上巻　食と住まいの仕事

下巻　遊びと装いの仕事

飯田泰子（企画集団エド代表）著　本体 各2,500円

へえー、こんな仕事があったんだ！

生活用具をつくる人から、ゆとりを楽しむ遊びの世界で働く人まで500種のしごとをすべて絵で見せます。

図説 江戸の暮らし事典

企画集団エド編著　本体 2,500円

おもわず感心してしまう“江戸人の知恵と工夫”を1000点の写真･図版で復元した圧巻のビジュアル事典！「あかり／時計と暦／勝手場／食器／酒器／化粧／喫煙具／人形／玩具／遊び／道中／関所／商いの道具／農耕の道具／祭り」など項目別に写真・図版を掲載。解説も充実。

図説 江戸歌舞伎事典　全2巻

1　芝居の世界

2　役者の世界

飯田泰子著　本体 各2,500円

江戸歌舞伎の雰囲気をあますところなく伝えるビジュアル事典。式亭三馬の『戯場訓蒙図彙』をはじめ、「客者評判記」「戯場楽屋図絵」「花江都歌舞妓年代記」などの版本から図版500点以上収録。

江戸落語事典　古典落語超入門200席

飯田泰子著　本体 2,700円

あらすじ、噺の舞台、噺の豆知識がぎっしり。落語ファン必携の早引きガイドブック。

江戸落語図鑑１～３　飯田泰子著　本体 各1,800円